U0467474

图书在版编目（CIP）数据

中小学生美术创作与指导100例. 立体造型 / 李永正主编；洪复旦副主编. -- 杭州：浙江人民美术出版社，2025.1. --（中小学生新时代美育系列丛书）. -- ISBN 978-7-5751-0419-7

Ⅰ. G634.955.1

中国国家版本馆CIP数据核字第2024KK3500号

编　委	刘　芬	王玲玲	潘翩翩	林志新	郝晓冉	周　文	吴小红
（排名按点评先后顺序）	金敏捷	严　瑾	俞东林	虞勇灵	戴华杰	江彩邦	王　洁
	徐　军	王俊生	谢钟强	姚绪娉	许丽芳	张风叶	张明海
	郑猛达	朱　莉	吴菁菁	曹建林	张敏玉	杨月萍	厉坚芳
	陈馨予	王言芳	章淑琦	孔子源	许子安	沈　湛	陈文昌
	杨德毅	汤章锋	王　莹	姜冰洁	郑晓敏	马　丹	吕欣怡
	柯晓丽	诸葛旖旎	李启云	胡鸿燕	吴　言	徐秀楠	蔡玲玲
	朱琼华	丁　洁	施燕燕	周　鸿	石凌旭	庄喜燕	黄思宇
	张亚明	高子涵	孙　顿	胡　佳	陆琳燕	蔡　娟	

策　　划　戴世杰
责任编辑　雷　芳
特约编辑　楼姗姗
责任校对　董　玥
责任印制　陈柏荣
装帧设计　林永新

中小学生新时代美育系列丛书
中小学生美术创作与指导100例 立体造型
李永正　主　编　　洪复旦　副主编

出版发行　浙江人民美术出版社
　　　　　（杭州市环城北路177号）
经　　销　全国各地新华书店
制　　版　杭州林智广告有限公司
印　　刷　浙江海虹彩色印刷有限公司
开　　本　889mm×1194mm　1/16
印　　张　14.5
字　　数　300千字
版　　次　2025年1月第1版
印　　次　2025年1月第1次印刷
书　　号　ISBN 978-7-5751-0419-7
定　　价　128.00元

如有印装质量问题，影响阅读，请与出版社营销部联系调换。

序言

随着新时代的到来,科技有了长足进步,文化得到大力发展,生活在这样一个时代,必须具备适应时代发展的各类素养,其中就包括美术素养。而培养美术素养,必须重视促进学生的观察能力、形象记忆能力、想象能力和创造能力的提升。美术创作就是给学生创设的能够在实践中多观察、多思考、多想象、多创造的途径。

美术创作有自己的规律,如何让学生掌握创作的规律,这是我们要探讨的问题。举例是教学中最容易让学生理解的教学方法之一,为此,我们收集了大量优秀的学生美术创作作品,请美术教育专家和优秀指导教师对作品进行解剖式的分析,让学生逐步理解创作的理念和原理、内容和形式、过程和方法。我们相信,通过对精选的100例作品的学习,教师们和学生们一定能得到极大的启发,从而创作出更为新、奇、美的作品来。

教师在指导学生创作时要帮助学生认识一些美的法则,如对比与和谐、对称与均衡、节奏与韵律等;要注意强调题材的思想性、新颖性;要学会根据创作材料合理地运用技法；还要注意对构图的把握、色彩的处理及细节的刻画；作品的时代性、趣味性和独创性也要特别关注。

学生们可以通过美术创作实践，进一步明白生活是创作的源泉、好的创作构思来源于生活这个道理。要创作出好的作品，必须到生活中去发现美、感悟美。只有经过认真踏实、勇于创新、充满激情的美术创作，才能提高自身的艺术素养，培养创新意识和创造能力。

《中小学生美术创作与指导100例 立体造型》是"中小学生新时代美育系列丛书"之一，整个系列还包括《中小学生美术创作与指导100例 绘画》《中小学生美术创作与指导100例 平面设计》《中小学生美术创作与指导100例 书法》《中小学生美术创作与指导100例 摄影》等。本书将内容分类编排，并在书后的索引中将100例小图按序排列，方便读者阅读和查询。

愿各位用辛勤的汗水，换取美育园地禾苗的茁壮成长。

中国教育学会美术专业委员会学术委员

2024年7月

目 录

中小学生美术创作与指导100例 立体造型　1	第21例　小观众　44
第 1 例　追梦少年　2	第22例　花果山美猴王　48
第 2 例　白　猫　4	第23例　疯狂动物城　50
第 3 例　憩　6	第24例　一起来看戏　52
第 4 例　行程万里　不忘初心　8	第25例　老街记忆　54
第 5 例　脱贫攻坚　10	第26例　重塑新丝路　56
第 6 例　犇　12	第27例　嗨! 沙排　60
第 7 例　机械心　14	第28例　夺　冠　62
第 8 例　运河两岸　16	第29例　奔跑吧，少年　64
第 9 例　戏剧人物　18	第30例　森林之歌　66
第10例　泉　22	第31例　正青春　68
第11例　更快更高更强更团结　24	第32例　一 二三，一起跳　70
第12例　梦幻小镇　26	第33例　逆行者　72
第13例　举车共游　28	第34例　爱的抱抱　74
第14例　花　30	第35例　小乐手　76
第15例　攀　32	第36例　党啊, 听我为您唱支歌　78
第16例　荷塘蛙声　34	第37例　娃娃学皮影　80
第17例　大话西游　36	第38例　攀登者　82
第18例　团结与自由　38	第39例　江南民居　84
第19例　徜　徉　40	第40例　稻花香里说丰年　86
第20例　灵峰品茶　42	第41例　成　长　88

第42例	摘杨梅咯	90	
第43例	和谐共生	92	
第44例	江山如画	94	
第45例	红船·乘风破浪	96	
第46例	舞动青春·活力	100	
第47例	青春舞曲	102	
第48例	盎然生机	104	
第49例	阳光下成长的少年	106	
第50例	家	108	
第51例	小鸟的家	110	
第52例	江南·巢	112	
第53例	欢乐人生	114	
第54例	森林里的木精灵	116	
第55例	阳光下的西湖	118	
第56例	风雨同舟	120	
第57例	"三牛"鼎盛华夏	122	
第58例	奔马图	124	
第59例	狮子王	126	
第60例	摇滚之王	128	
第61例	大艺术家	130	
第62例	意象山水	132	
第63例	烟霞	134	
第64例	零件是如何变成龙的	136	
第65例	倾塑	138	
第66例	城市倒影	140	
第67例	轻舟已过万重山	142	
第68例	飞鱼	144	
第69例	后羿射日	146	
第70例	十二生肖	148	
第71例	唱脸谱	150	
第72例	森林	152	
第73例	只此青绿	154	
第74例	等待	156	
第75例	渔家生活	158	
第76例	鱼趣	160	
第77例	千里江山 瑞鹤呈祥	164	
第78例	阳光 生活 梦想	166	
第79例	科创·智慧之城	168	
第80例	机器人时代	170	
第81例	绿水青山就是金山银山	172	
第82例	嘿!朋友	174	
第83例	对话	176	
第84例	洪流	178	
第85例	海底的秘密	180	
第86例	鼓动	184	
第87例	喜从天降	186	
第88例	枯木逢春	188	
第89例	深海蓝鲸	190	
第90例	春绿江南岸	192	
第91例	只此青绿,圆梦中华	194	
第92例	中国梦	196	
第93例	芒种	198	
第94例	青春的赞歌	200	
第95例	绽放	202	
第96例	阳光下的瓷市青城	204	
第97例	义乌江两岸	206	
第98例	路途	208	
第99例	学而时习之	210	
第100例	意趣玻璃	212	
索引		216	

中小学生美术创作与指导100例 立体造型

第 1 例

追梦少年

📖 题材构思

这件作品创作的灵感来源于青少年踩单车时所展现出来的青春美、健康美、速度美和力量美。作品主题是表达每个少年心中都有一个美好的梦想和追求梦想的决心。作品利用PVC管这一特殊材料，通过叠加成型、横向摆放及色彩、明度渐变等表现方法，来表现人物运动时的状态和精神风貌。

技法特色

作品是用PVC管层层堆叠、逐次拼贴而成的立体造型。用彩色PVC管精心设计、组合拼贴出运动人物的半抽象立体形象，拼贴时注意把握人物的动态特征和掌握好色彩变化。将PVC管整体横向排列，通过长短错落、粗细变化、颜色渐变等形式和技法，不仅使作品充满运动感、速度感，同时使人物生动自然。作品展现了青少年运动时积极向上、健康阳光的精神风貌及勇往直前、奋力拼搏的优秀品质。

作品：追梦少年
作者：董函硕
指导教师：仰小丽
点评教师：刘　芬

构图形式

作品通过上轻下重的色彩和伸展的双臂，实现了重心前倾的视觉效果，从而表现出运动感；PVC管的横向排列，表现出速度感。PVC管排列的深浅、方向和疏密变化，使整个作品展现出视觉上的节奏感、韵律感和美感。

制作步骤

步骤一：裁切出不同长短的pvc管（注意安全）。
步骤二：根据人物造型和动作，叠加、组合、粘贴出立体形象（可使用热熔胶粘贴）。
步骤三：自上而下，按序喷绘出由暖色到冷色的渐变色彩，完成作品。

色彩处理

作品通过喷色，采用渐变的手法进行色彩表现，使整体色彩丰富亮丽、温暖和谐。色彩由上到下、由暖到冷的渐变处理手法，产生了光芒倾泻散发的效果，同时表现出人物在阳光下骑着单车，向着目标、向着明天、向着未来前行的精神面貌。

细节刻画

从作品中可以看到，根据人物造型的需要，PVC管的长短、粗细均有丰富的变化，这使人物形象更生动。上暖下冷的色彩渐变和明度渐变，以及左右也有的色彩渐变和明度渐变，使作品更显丰富细腻且有内涵，增添了作品的美感和深度。

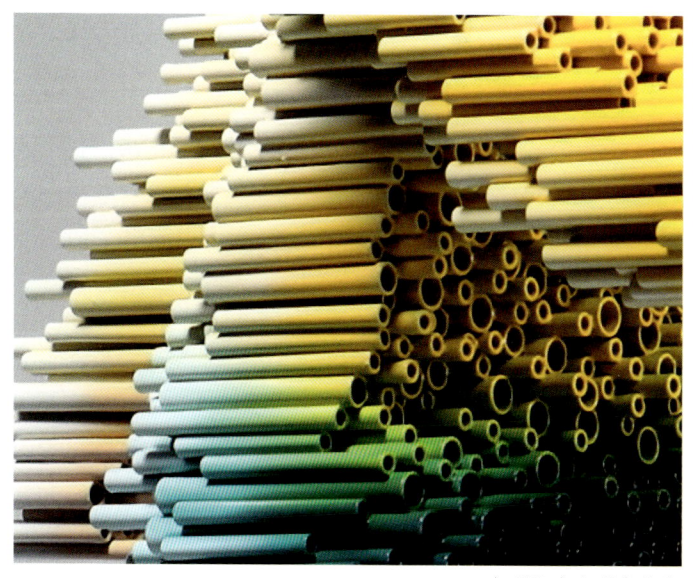

色彩渐变和明度渐变

创意亮点

整件作品均用粗细不同的PVC管进行造型，使作品产生质感上的统一效果；渐变的形式，使作品色彩既丰富又和谐。

第 2 例

白 猫

📖 题材构思

作品巧妙地运用概括的块面表现形式,制作出猫的纸立体造型。作品根据猫的造型特征,将造型抽象化、块面化,从而创作出造型准确、线条简洁、神态生动的白猫作品。该作品具有块面式立体造型的抽象美感,同时还表现出猫的萌动可爱。作品传达了爱护动物、保护自然、人类和动物和谐共处的现代观念。

🔖 技法特色

该作品运用具有现代感的纸立体造型表现手法,用厚卡纸,通过对纸的剪、折、粘和块面组装,完成猫的纸立体造型。

📇 构图形式

单个体的完整造型,用简洁的背景衬托主体,突出主体。

🖍 色彩处理

小猫造型用单一的白色,显得纯洁;用红色的背景通过色彩的明度对比关系,进一步突出主体小猫。不同角度、不同块面折射出不同灰度的环境色,使整件作品色彩层次丰富而统一,简洁大气,让观者视觉聚焦在抽象的块面表现和整体的动态美感上。

▶
作品:白　猫
作者:胡栩菡
指导教师:杨晶晶
点评教师:王玲玲

中小学生美术创作与指导100例 **立体造型**

4 : 5

制作步骤

步骤一：用铁丝骨架加上陶泥做出动物造型。
步骤二：待陶泥半干时用美工刀(注意安全)切出块面状。
步骤三：等陶泥全干后将厚卡纸覆盖在块面状陶泥表面，按块面状分别小心压、折出立体纸型。
步骤四：将压、折出的立体纸型黏合制作完成。
（注：也可以利用计算机建模，再打印在卡纸上直接剪制，本文不作介绍。）

细节刻画

白猫的耳朵尖尖竖起，似乎在"侦察"周围的环境，听到一点点声音就会转动耳廓，让人联想起猫的特征，生动形象。脊背处的瘦、突惟妙惟肖地表现了猫的身体结构。蹲坐的姿势和耳朵的动态呼应，让人联想起它捕捉老鼠时的敏捷和迅速。半卷的尾巴生动地体现出猫的形象特征，也拉长了整体造型，让整个作品的点、线、块面既有对比也有统一。

局部一
局部二
局部三

创意亮点

巧妙利用生活中处处可取的纸张，给平面的纸赋予了立体形象的生命灵动，让人感叹生活之中艺术的美好，深刻反映出艺术来源于生活而高于生活的哲理。

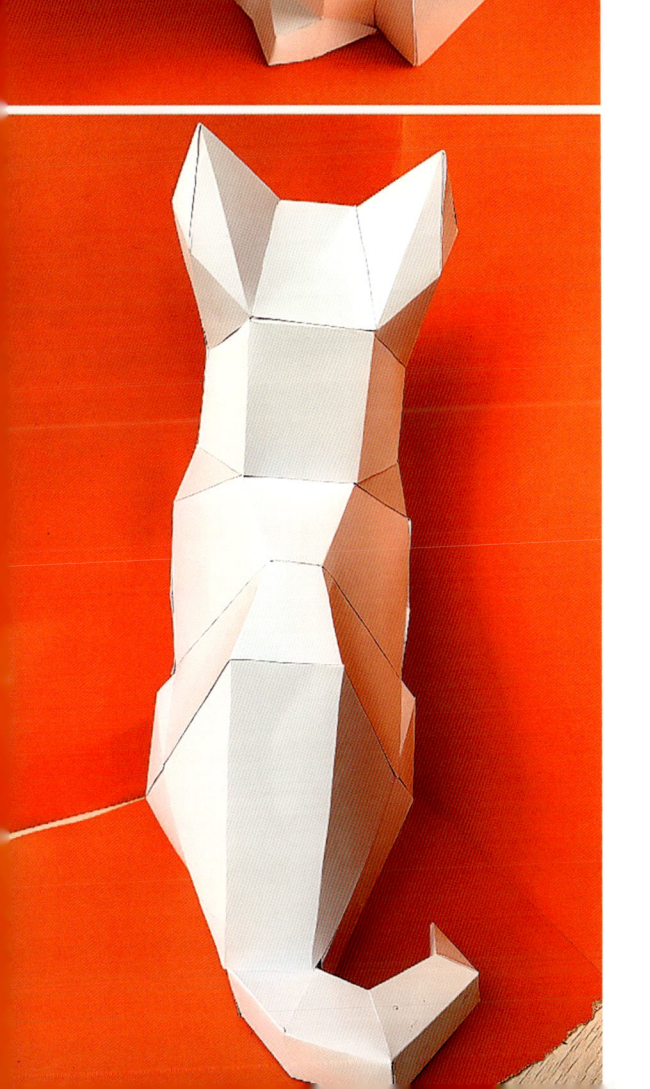

第 3 例
憩

📖 **题材构思**

进入信息化时代的今天,知识的获得渠道变得更多,但传统的阅读对人的成长还是十分必要的。作者为了呼吁人们重视传统的阅读方式,构思制作了这件作品。作品中人物的姿势和环境的表现,让我们感受到了读书带给人们的愉悦。

中小学生美术创作与指导100例 立体造型

技法特色

作品由书本、报纸、树枝、超轻黏土、厚KT板等材料制作而成。将印有文字的纸张裁剪成树的形状，其间加入真实的树枝丰富效果，把纸张搓成纸卷支撑纸树，使其更加牢固；用超轻黏土捏出生动可爱的人物造型；用打开的书本表现有起伏的地面；用厚KT板做作品底座。

构图形式

作品主体集中在长方形的底座上，其中摊开放在底板偏右的书本表现起伏的地面；在书本偏后位置是一组密集的树群，与之相呼应的是底座左方一大一小两棵树；树下安排单个或两个一组的读书人物。作品构图呈现出的大关系是树形成一组向上的线条；打开的书本形成一个较大的地面块面；树下的人物形成点；整体形成点线面结合的关系，使整个作品有疏有密，错落有致，呈现出视觉上的美感。

色彩处理

用印有文字的纸张裁剪成的树和打开的书本形成作品的灰色基调，人物是黑色，底座是白色，这三者形成了黑白灰的关系，使整件作品色调统一；整体造型则用黑色的背景衬托。

细节刻画

作品中树木制作剪刻精致细腻，更为精彩的是人物读书的姿态各异，有低头看书的，有背靠树干看书的，有趴着看书的，还有两人边看书边交流的。人物的姿态刻画得十分细腻，有助于主题的表达。

局部一	局部二	局部三
局部四	局部五	局部六

作品：憩　作者：丁柯元　指导教师：张舟燕　点评教师：潘翩翩

创意亮点

利用打开的书本进行造型，表现出阅读的主题；用黑白灰的简洁色彩表现阅读环境的宁静和阅读者的专注。

第 4 例

行程万里　不忘初心

📖 题材构思

"红军不怕远征难,万水千山只等闲。"作品表现了当代青年继承红军的革命精神,不忘初心,翻山越岭重走长征路的艰险场景,也表达出当代青少年牢记使命,勇于担当,做好新时代的接班人的决心。

技法特色

作品由彩纸、纸板、铁丝、白石子等材料制作而成。山体造型有直线状、曲线状;有的山峰尖锐,有的山坡圆润;通过曲直、交叉、重叠的组合手法,表现出崇山峻岭各异的样态。人物造型简洁而颇具神韵,翻过五岭、越过乌蒙、爬过雪山,表现出重走长征路的人们不畏艰辛、迎难而上的豪情壮志。山间用不同种类的繁花点缀,极具浪漫主义风格,充分展现了红军不畏艰险的乐观主义精神。

构图形式

整个作品强调了点、线、面的有机组合关系。山是由各种形状的块面组成,花朵、云朵等点状处理,人物的四肢和植物的树枝丰富了线的元素。不同层次的点、线、面结合,使整个作品有了节奏起伏的视觉美感。

色彩处理

作品主要用黄色、橙色、金色和白色的彩纸进行山脉造型,暖色调的搭配使画面和谐统一;用白色石子铺底,蓝色江河缠绕在山间,白色小屋镶嵌其中,红色旗帜迎风飘扬,更显作品色彩层次的丰富。

▶
作品:行程万里　不忘初心
作者:丁梓涵
指导教师:胡欣娜
点评教师:林志新

中小学生美术创作与指导100例 立体造型

制作步骤

步骤一： 用黄色、橙色和金色硬卡纸做成不同形状的山，并将其固定。
步骤二： 用细铁丝和彩纸制作一些花丛，将其固定在山间。
步骤三： 用蓝色超轻黏土捏制若干不同造型的人物，将他们固定在山间。
步骤四： 铺上一些白色石子丰富画面，完成作品。

细节刻画

人物由蓝色超轻黏土捏成，其登山的动态造型各异，刻画精致，例如山顶上的"小红军"迈着坚毅的步伐向前走，前后两位"年长的红军"，一个回头看看他，一个低头关注他，深刻表现出他们对"小红军"的无限关爱。

局部

创意亮点

用多层、多色的卡纸通过各种组合方式和各种技法，使平面纸张变成了立体造型。

第 5 例
脱贫攻坚

📖 题材构思

随着脱贫攻坚战的胜利，农村的居住环境发生了很大变化，破旧的老房子渐渐地被新的楼房替代。本作品呈现了当代农村正在发生的巨大变化，具有鲜明的时代特色。

▲ 作品：脱贫攻坚　　作者：叶子康　　指导教师：赵巧丽　　点评教师：郝晓冉

技法特色

作品是用牛皮纸、瓦楞纸、树皮、发泡胶等材料制作而成的纸艺深浮雕。作品采用了对比的形式，建筑由原来古朴破旧的老房子变成鳞次栉比的高楼大厦，呈现了脱贫攻坚带来的变革。用粗糙的废旧纸板通过剪、贴的方法组合成了古朴的乡村建筑，用光滑的牛皮纸通过刻、折、剪的方法组合成了现代化的农村建筑。用牛皮纸拼贴组合成的云梯，横向穿插在两者之间，象征着两个时代的连接对话。白色发泡胶像祥云一般将建筑托举起来，营造出一种祥和的氛围。

构图形式

从作品的整体来看，建筑横向一字排列，呈现出一种宏大的气势。建筑本身为块面，门窗等细节为点，云梯为线，点、线、面律动组合，使作品富有极强的形式感。

色彩处理

作品整体色调和谐统一，以牛皮纸与瓦楞纸的原色为基色，背景天空用了柔和温暖的黄色调，给人一种温馨舒适的视觉感受。

细节刻画

作品中建筑的造型非常丰富，每一间房子的朝向、造型都不同，增添了作品的耐看性和美感，也象征了人们多姿多彩的生活。

创意亮点

巧妙地将废旧纸箱和自然材料结合运用，搭建了两种风格对比强烈的建筑，给生活中的废旧材料注入活力，将它们变成了好玩的艺术品。

制作步骤

步骤一：裁剪。 　步骤二：粘贴。 　步骤三：拼贴。 　步骤四：细节装饰。 　步骤五：组合、完成。

第 6 例
犇

📖 **题材构思**

  这件作品的灵感来源于田野间牛群休憩、玩耍的温馨场景。牛在人们的心中是勤勤恳恳、埋头苦干的实干家的化身，三牛为犇。作品以三只姿态各异、悠闲自得的牛的造型，呈现出自然生态环境的和谐美好。

技法特色

作品是纸立体造型。作品以简洁概括的形象，直线条的转折，突出了牛的朴实、壮硕和力量感。牛身部位加入了剪纸元素，精美的纹样使作品更精致，"福"字纹样寓意人们对美好生活的向往。花丛与鹅卵石的点缀使整件作品显得更加丰富饱满。

构图形式

从作品的主体来看，三只牛位置高低错落、姿态各异，有的昂首，有的低头，体现出牛的蓬勃生命力。鹅卵石与花丛的加入，使作品整体构成更为紧凑，牛与牛之间的衔接呼应更为自然。

色彩处理

主体牛的造型均使用白色，使作品显得简洁、大气；黑色鹅卵石的点缀使画面有了明暗对比；牛身上的镂空花纹的阴影，增添了灰色调，从而使作品整体具有了黑白灰色调有机协调的效果。

细节刻画

作品中牛的形态各异，身上的纹样刻得精美细致，增添了作品的耐看性和美感。

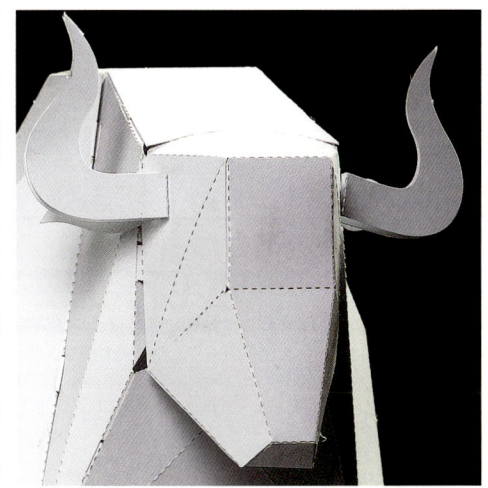

小知识 "三牛"精神

"三牛"精神是指为民服务孺子牛、创新发展拓荒牛、艰苦奋斗老黄牛的精神。

局部一 | 局部二

创意亮点

用纸立体造型的形式，概括地表现出牛的造型和姿态。

作品：犇
作者：何其乐
指导教师：张舟燕
点评教师：周　文

第 7 例
机械心

📖 题材构思

作品中，冰冷孤独的机械齿轮，与爱心形底座、梦幻的蝴蝶翅膀形成鲜明的情感对比，表达作者希望人们能像齿轮一样紧密协调，同步共进，为实现内心理想而奋力腾飞。

技法特色

作品是由黄色卡纸、泡沫胶等材料制作而成的。作品运用抽象的造型语言，通过切割、折叠、连接等造型手法，将齿轮、翅膀和爱心等造型组合在一起，寓意人们团结一心，努力拼搏。

色彩处理

作品选用单一的亮黄色，使整体色调明亮，给人带来强烈的视觉冲击，展现出生机盎然的意境。

构图形式

从作品的整体来看，齿轮造型的复杂和简单、尺寸的大和小、摆放的疏和密，形成多样对比。高低错落的齿轮仿佛在转动，蝴蝶翅膀呈飞翔之势，让作品有很强的动感。

制作步骤

步骤一：在彩色硬卡纸上绘出齿轮、翅膀、爱心的图案。
步骤二：雕刻出齿轮、翅膀等形状。
步骤三：通过折叠、粘贴、连接等手法，将齿轮、翅膀和爱心等造型组合成整体，完成作品。

细节刻画

作品中齿轮的大小、形状各不相同，富有变化且雕刻精细，增添了作品的耐看度和美感。

局部

作品：机械心
作者：卢西贝
指导教师：翟佳佳
点评教师：吴小红

创意亮点

这件作品的造型是一个爱心底座包裹着错落有致的齿轮，蝴蝶翅膀侧立，随齿轮的转动纵情飞舞，用抽象的形式表现了主题。

第 8 例
运河两岸

📖 题材构思

浙东大运河，是京杭大运河的延伸段，这条大运河从春秋晚期发端，西晋基本形成，至宋进入全盛时期。依运河而建的古城，文化底蕴深厚，城中水巷纵横，石桥众多，早年间城中居民多以舟代车出行。创作这件作品的灵感来源于运河两岸的真实生活场景。每天清晨，古城在一声声船运的汽笛声中苏醒，沿河的居民们开始了一天的生活，或买菜，或上班，或上学，一片熙熙攘攘的景象。时至今日，大运河依然发挥着航运和水利的重要作用。

🍃 技法特色

作品主要用白色铅画纸制作，每一个建筑的制作都需要经过仔细拆分、画图、裁切、黏合、干燥等步骤。房屋的大小和样式充分考虑现实房屋状态。作品里出现了十几种江南的建筑形式，有人字形屋顶的平房，有马头墙大户人家，有多层的宿舍楼，有历史悠久的古塔，还有早年传教士留下的教堂，当然更少不了水乡特色的石拱桥。底板均分为六大块，便于展览运输时拆分。河道的布局，参考了早年的古城地图。主体的河道以大运河为主，辅以交织在城中的水巷，整体构成一幅工整又不失韵味的古城画卷。

构图形式

每一件作品，都少不了点、线、面的结合。在这件作品中，一个个白色的小建筑在不同的高度下呈现不同深浅的浅灰色块，如同一个个高低错落的音符，深灰色的河道形成粗细线条串联整体，引导观者的视线伸向远方，一座座石桥连接了各个地块，点缀其间的小船、河边灯柱使得作品富有生活情趣。

色彩处理

从吴冠中的水墨画中得到启发，整件作品只有灰白两色。纯白色的建筑构成，使得作品单纯而朴素，契合古城绍兴古朴淡雅的气质，让作品极具设计感和素描感。黑灰色的河道显得清幽，也突出了点缀其间的小船。

细节刻画

小房子都细心地添加了门窗、阳台、空调等细节，使作品显得更加精细和具有生活情调。

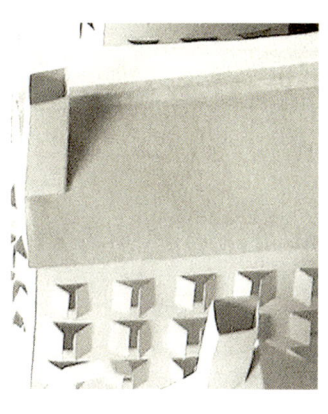

局部一 | 局部二

作品：运河两岸
作者：王程洋
指导教师：金敏捷
点评教师：金敏捷

制作步骤

步骤一：在铅画纸上绘制房屋等建筑的图纸。

步骤二：裁切图纸，用白乳胶小心黏合起来，干燥晾干。

步骤三：布局场景，完成局部作品。

步骤四：组合六块底板，调整布局，完成作品。

创意亮点

立足绍兴的地域特色，用最平常简单的材料制作出了具有古朴美感的立体造型作品。

第 9 例
戏剧人物

📖 题材构思

这件作品创作的灵感来源于中国传统戏曲人物中精巧而美丽的发饰。作品利用衍纸材料多变的特点,对不同的发饰进行大胆的色彩搭配和层次表现。这样的表现,彰显了十足的东方美感。

技法特色

作品是用五颜六色的衍纸,通过平卷、螺旋卷、立卷、宝塔卷等卷法,加上重叠拼贴制作而成的立体造型。整件作品色彩以暖色调为主,运用少量的对比色,使作品视觉层次更丰富,视觉效果更强烈。作品将浅色粉面、红唇、娥眉、凤眼、云鬓这种传统梳妆方法表现到极致,贴片子(大柳、小弯)修饰使脸型更加清晰。头饰的花纹各不相同,用纸的曲折造型表现大形,细节处运用衍纸不同的卷法制作出不同的小卷(如圆卷、柳叶卷、波浪卷等)来点缀,互相映衬,富有变化,展现出头饰浮雕式的美感,与脸部平面拼贴的表现形式形成了明显的对比。作品展现了中华民族传统梳妆的极致美。

▶

作品:戏剧人物
作者:魏 倩
指导教师:都 飞
点评教师:严 瑾

中小学生美术创作与指导100例 立体造型

🎨 构图形式

作品中的人物侧脸造型基本上占据整个画面。整体上来看，头部和肩部是平面块面；花朵发饰的花瓣和花蕊是大点和小点组合，表现发饰的精美。头顶凤凰造型用衍纸拉出形，前侧用大小花朵进行穿插，营造密的效果；后侧花瓣简单排列，营造疏的效果，前后的疏密错落，形成发饰自然生动的美感。

🎨 色彩处理

画面中人物头部用黑色做底，头部前后侧发饰分别用偏暖色和偏冷色表现，形成鲜明的对比，在前面暖色花形中稍点缀的绿色和蓝色，犹如跳动的音符，中间绿色三朵花的花蕊用粉色渐变来表现，使发饰更生动，整个发饰有变化和统一的视觉效果。

制作步骤

首先用米黄色、黑色、橘色卡纸制作脸部和肩背部；然后用衍纸各式卷法制作各式花的造型，前后疏密有致地贴到黑色头部；最后用衍纸卷出小的花蕊来点缀花形细节。

步骤一：剪贴基本形。　　步骤二：制作花朵基本形。

步骤三：拼贴后部发饰。　　步骤四：细节拼贴，完成作品。

花型之一卷法步骤图

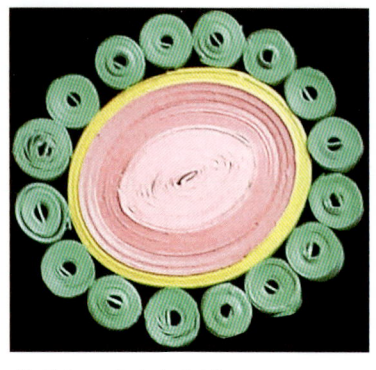

步骤一：用粉色渐变色纸卷出花蕊。

步骤二：用绿色纸紧卷出花瓣造型。

步骤三：将花瓣依次排列。

步骤四：花朵制作完成。

花型之二卷法步骤图

步骤一：用眼形卷法卷出单片花瓣。

步骤二：卷出5片花瓣和花蕊。

步骤三：将花瓣和花蕊固定成花。

步骤四：再制作一朵稍大的花。

步骤五：将两朵花错位重叠，完成。

细节刻画

作品中装饰有紧卷、松卷、眼形卷、鹿角卷、水滴卷、波浪卷、叶形卷等不同卷法的花朵造型，层次变化丰富，视觉效果突出。

局部一	局部二	局部三	局部四
局部五	局部六	局部七	局部八

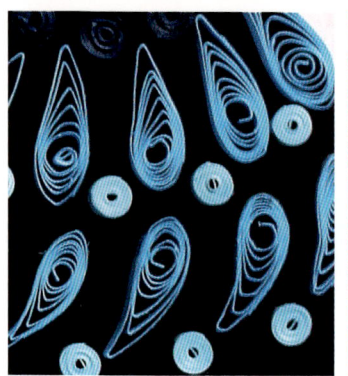

衍纸各式卷法：

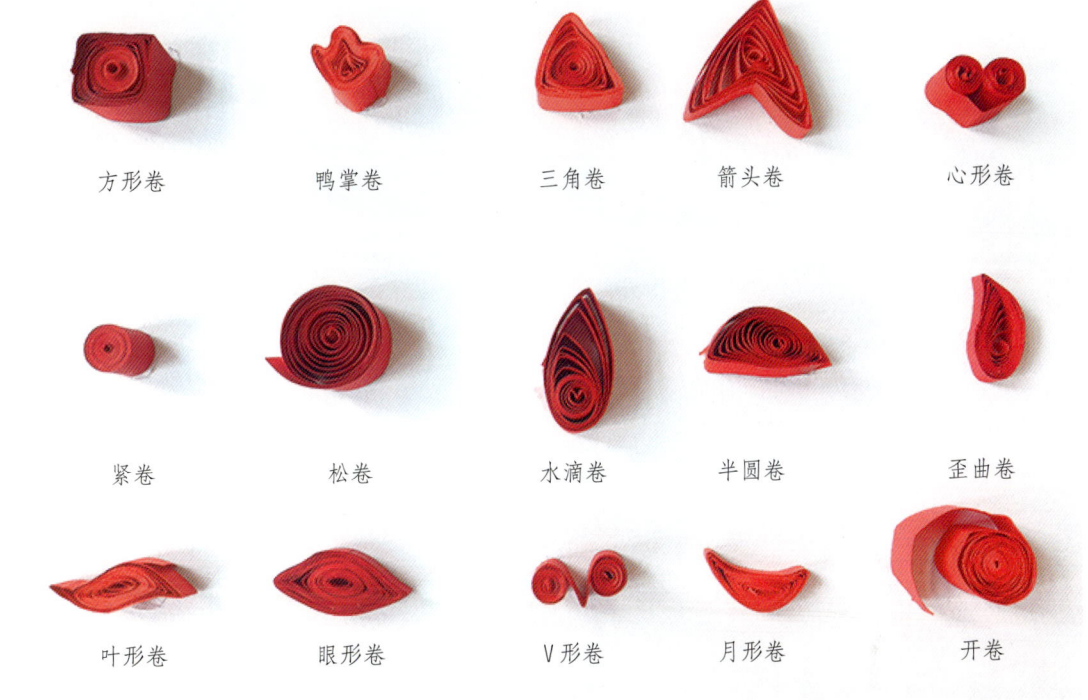

| 方形卷 | 鸭掌卷 | 三角卷 | 箭头卷 | 心形卷 |

| 紧卷 | 松卷 | 水滴卷 | 半圆卷 | 歪曲卷 |

| 叶形卷 | 眼形卷 | V形卷 | 月形卷 | 开卷 |

衍纸加工工具：

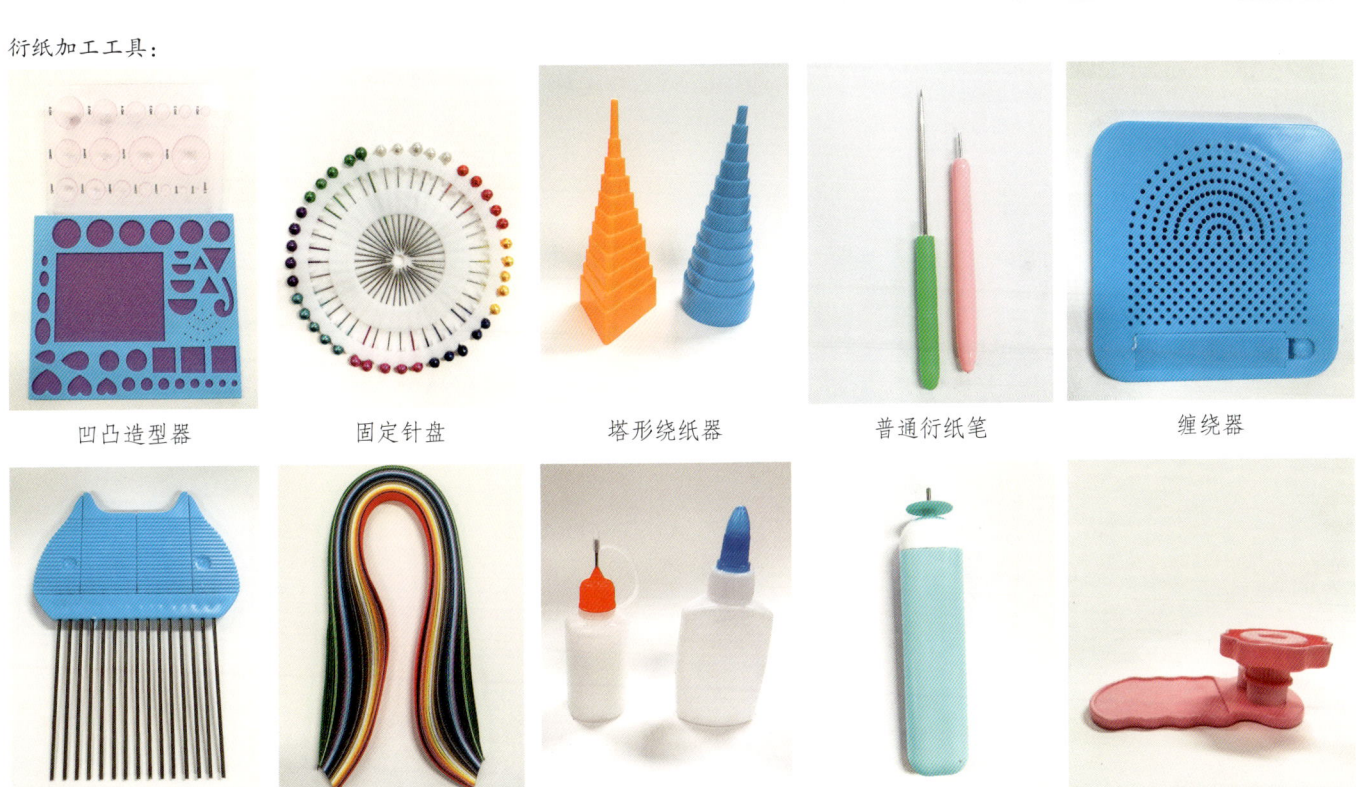

| 凹凸造型器 | 固定针盘 | 塔形绕纸器 | 普通衍纸笔 | 缠绕器 |

| 梳理器 | 渐变衍纸条 | 白乳胶 | 电动衍纸笔 | 瓦楞卷纸器 |

创意亮点

作品利用衍纸的不同卷法，卷出不同花形；运用冷暖色衍纸互相叠加和点缀，呈现出发饰的精美。

第 10 例
泉

📖 题材构思

作品表现了山岩间汩汩涌出的清泉,犹如一曲和谐自然的奏鸣曲。作品将剪纸、折纸技巧相融合,以流畅的几何线条,展现潺潺的泉水,让欣赏者仿佛置身于大自然,能聆听到泉水的声音。

技法特色

作品是用白色卡纸材料制作而成的立体造型。作品采用折、剪、黏合的方法,巧妙地表现了山岩间的清泉。

构图形式

从作品的整体来看,岩石是块面,表现体量感和扩张感;流水是线条,表现动感和速度感。线、面的结合,使整个作品有疏有密,错落有致,呈现出视觉上的美感。

作品:泉
作者:潘承彧
指导教师:赵增辉
点评教师:俞东林

中小学生美术创作与指导100例 立体造型

制作步骤

步骤一：先折剪并粘贴出大小不一的纸立方体。

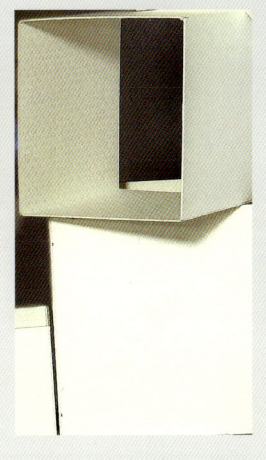

步骤二：由大到小，错落有致地固定出山形的纸立方体。

步骤三：剪出长方形纸条，用这些纸条粘贴出流水的形状，完成作品。

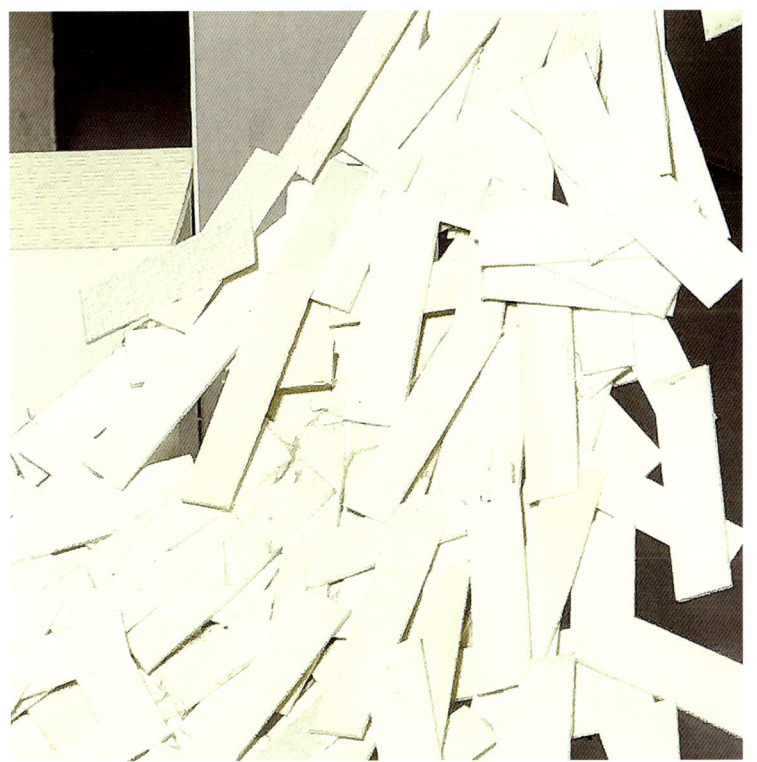

细节刻画

作品通过将长方形纸条排列组合的方式，呈现出凹凸起伏的肌理感，使作品生动立体，富有变化，增添了作品的耐看度和美感。

局部

创意亮点

巧妙利用卡纸进行创作，对块面与线条的处理，表现出了空间的延伸感。

第 11 例
更快更高更强更团结

题材构思

作品主题创意来源于运动会。作者将目光投向了各项运动的典型代表动作,牢牢抓住了不同运动中运动员的动感瞬间,仿佛时间就在那一刻凝固了。作品体现了"更快、更高、更强、更团结"的奥林匹克格言。

技法特色

作品是用锡纸、细铁丝、细藤条等材料进行造型,再加以蜡烛灯光营造氛围而成的立体造型。锡纸和铁丝的可塑性很强,适合进行各种弯曲塑造。藤条具有一定的韧性,适合弯曲编织。锡纸人物形态丰富,藤条编体育场稳重且通透,其造型是从北京国家体育场"鸟巢"得到的启发。人物围绕在体育场外面,象征体育精神中的团结和友谊。

构图形式

从作品的整体来看,人物绕着圆形的体育场排开,体育场的形状是圆的,人物围绕形成的造型也是圆圈状,使作品包含了圆满、和谐、完美的意蕴。人物造型变化生动丰富,更进一步加强了视觉上的美感。

色彩处理

藤条编织的体育场内透出的橙色光照在银色的锡纸人物身上,显得熠熠生辉,使得整个作品呈现一种热烈的动感。

制作步骤

步骤一:先用细藤条编织出圆形的体育场。

步骤二:用细铁丝制作人物动态,再用锡纸以搓、捏、弯曲、黏合等方式包裹在铁丝框架上,塑造出各种运动状态的人物形象。

步骤三:将人物和体育场进行组合,并在体育场内设置灯光,营造效果,完成作品。

名家客座

米隆 《掷铁饼者》

《掷铁饼者》取材于体育竞技活动,表现了一名强健的男子在掷铁饼过程中具有张力的瞬间。雕塑选择的是铁饼摆回到最高点、即将抛出的一刹那,有着强烈的引而不发的吸引力。虽然是一件静止的雕塑,但艺术家把握住了从一种状态转换到另一种状态的关键环节,达到使观众心理上获得运动感的效果,成为后世艺术创作的典范。

掷铁饼者(青铜雕塑) 米隆[古希腊]

细节刻画

作品中人物的动态变化,给作品增添了运动感、耐看性和美感。

局部一 | 局部二

作品:更快更高更强更团结
作者:汪文韬
指导教师:唐炳炎
点评教师:虞勇灵

创意亮点

可利用随手可得的厨房用品锡纸和废旧铁丝、藤条创作;设置灯光,营造体育场内气氛热烈的效果。

第 12 例
梦幻小镇

📖 题材构思

作品创作的灵感来源于对故乡小镇的思念与对未来的畅想。小镇总是给人一种亲切、朴素的感觉。每次回到故乡小镇，心里总会涌起特别的情感，小镇依然保持着原来的样貌，高高低低的老式房子，一到饭点，屋子里透出点点灯光，家家户户飘出饭菜的香气，空气中满是家的味道。弄堂里清风徐来，三两个老邻居摇着蒲扇，聊聊家长里短。朴素的乡音如此亲切，熟悉的面孔依然充满笑容。弄堂口的小狗在暗地里冷不防窜出来吓人一跳。随着城市化的发展，小镇的未来会是什么样子？畅想的一切都停留在作者的梦境里。

🗂 构图形式

从作品的整体来看，房子是块面，表现体量感；台阶、梯子是线条，表现动感；层层叠叠、高低错落的房子，表现节奏感。整个作品呈现锥形，仿佛一座金字塔，房子的布局有疏有密，错落有致，体现出视觉上的美感。

🎨 色彩处理

整个都采用了纸板的原色，使作品显得更为朴素、温馨。

▶

作品：梦幻小镇
作者：李静怡
指导教师：陈盼盼
点评教师：虞勇灵

小知识 立体造型材料的分类

立体造型材料的分类有多种方式，按人们使用材料的时间长短划分，可以分为传统材料与新型材料。传统材料包括木材、石材、金属、纸材、陶瓷、布、塑料、玻璃等等，传统材料可以通过新技术提高材料性能或大幅度增加附加值，从而成为新型材料。新型材料包括变色玻璃、超硬合金、记忆合金、机敏陶瓷、超导材料、可降解材料、纳米材料等，经过长期生产与应用之后，新型材料也就成了传统材料。

制作步骤

步骤一：用笔在纸板上画出各种房子的图纸。
步骤二：将图纸剪裁下来，并进行折叠、粘贴。
步骤三：将大小不一的房子进行有机组合，叠加成"金字塔"形。
步骤四：剪裁出梯子和台阶，将梯子和台阶架在房子之间，使房子互相连接。
步骤五：在房子内设置灯光，让暖暖的灯光映射出来，营造出温馨的氛围，完成作品。

细节刻画

作品中房子窗户的镂空刻画富有变化，给作品增添了耐看性和美感。

局部一 | 局部二

创意亮点

快递包装盒的再利用创作，体现了环保理念。

第 13 例
举车共游

📖 **题材构思**

这件作品创作的灵感来自环保绿色出行。绿色出行是对环境影响较小的出行方式，既节约能源、减少污染，又有益于健康并兼顾效率。作品通过废旧电线、锡纸、毛线等材料的使用展现了现代人绿色出游的场景。

技法特色

作品是由废旧电线、毛线、锡纸等材料制作而成的立体造型。作品利用电线可以自由弯曲的特点，将废物再利用，把电线弯折成自行车的样子。将锡纸用捏、团、搓、折等手段塑造人物动态，再将人物和自行车有机结合，塑造出富有动感的骑车画面。一群骑自行车的人出游，充分展现了绿色低碳环保的理念。

构图形式

从作品的整体来看，小树林是线状的，错落疏密的树枝呈现出非常自然轻松的画面；自行车是以线为主的造型，轮子的圆增加了画面的动感。树林的静与骑车出游人的动，一静一动的对比增强了画面的可观性。

制作步骤

步骤一：用染白的小树枝制作小树并组合成白色小树林。
步骤二：用废旧电线弯折制作自行车。
步骤三：利用锡纸的可塑性制作骑车人形象。
步骤四：调整骑车人穿梭在小树林里的位置，完成作品。

色彩处理

银色的人物、白色的小树林、红绿色的自行车与深暗的背景色，形成鲜明的对比，使得整个作品色彩鲜亮，有助于表现人们在小树林中欢快游玩的场景。

细节刻画

废旧电线制作的自行车轮胎上缠绕了白色毛线，增加了自行车的真实感，使作品更耐看。

局部

创意亮点

作者巧用与创作构思相吻合的自然物和废旧物进行了创作。

作品：举车共游　作者：张班瑞　指导教师：陈影红　点评教师：虞勇灵

第 14 例　花

📖 题材构思

院子里的花开了，绚丽多彩，散发着馥郁的芳香，惹人喜爱，然而时光一晃，花朵凋零，失去芳华，人们渐渐地不再对它关注，任它被风吹雨打。第二年的春天，它却又顽强开出了鲜艳的花朵，红花绿叶，生机勃勃。由此，脑海里闪过顽强、坚韧、生生不息等词语。皱纹纸叠出的花朵带着倔强的伤痕，与铁丝紧紧缠绕在一起，表现出蓬勃的生命力。

🗂 技法特色

作品利用皱纹纸酷似花瓣的纹理特点制作仿真花，在皱纹纸花上用火烫出带有沧桑感的焦褐色，皱纹纸花与带弧度的铁丝组合成立体造型，一软一硬两种不同的材质，刚柔并济。

🖼 构图形式

作品中的纸花有疏有密，与其间穿插的用铁丝制成的弧线状花枝形成对比关系，使整个作品的造型具有点、线、面的变化，并呈现均衡的美感。

制作步骤

步骤一：在皱纹纸上画出大小不一的花瓣形状，并用剪刀剪出。

步骤二：将不同大小的花瓣卷在一起，并用手把花瓣外边缘向外翻卷，塑造出花朵自然的样子。

步骤三：用打火机在做好的花朵上烫出少量的焦褐色痕迹，增添花朵的变化，同时也让花朵看起来有即将枯萎的效果（注意安全）。

步骤四：把铁丝进行一定弧度的弯曲，花朵有机组合，固定在铁丝上，有疏密、高低之分，完成作品。

作品：花
作者：陈伦照
指导教师：吴崇伟
点评教师：虞勇灵

中小学生美术创作与指导100例 **立体造型**

色彩处理

白色皱纹纸花、焦褐色的焦痕、灰色铁丝，主色白色和灰色搭配营造出简约自然的氛围，同时也略带沧桑感。

细节刻画

用手把每一个花瓣外边缘向外不同程度地翻卷，塑造出花朵自然生长的样子。用打火机在花瓣上烧出焦褐色，形成一定的残缺，使花瓣富有变化，给作品增添了耐看性和美感。

局部一

局部二

创意亮点

在纸花朵上烫出少量的焦褐色痕迹，使花朵显得更逼真。

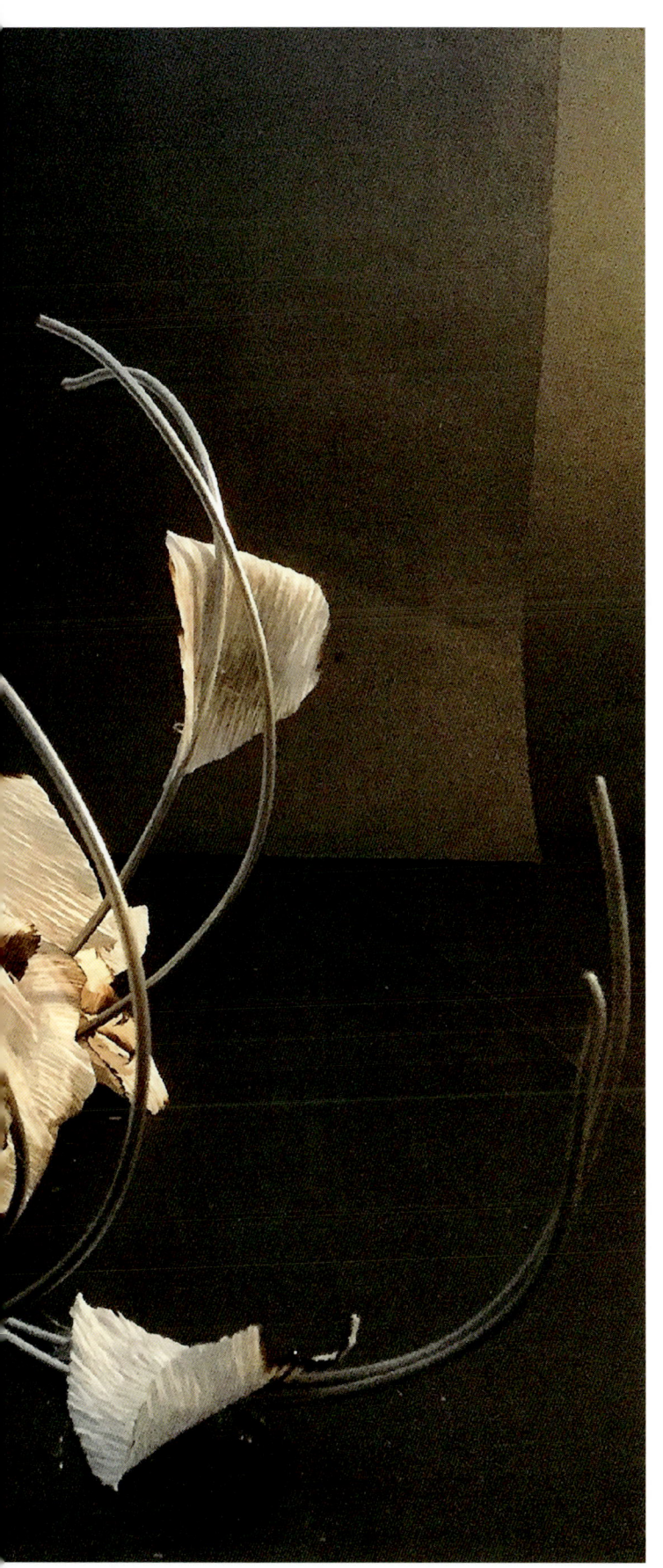

第 15 例

攀

📖 题材构思

这件作品展现了新时代的少年在军训中相互支持、奋力攀登的场景。通过攀登场景的再现，配合吹响军号的氛围烘托，作品表现了当代少年勇攀高峰的精神。

技法特色

作品是由陶、废弃金属竿、废弃金属底座等材料制作而成的立体造型。利用废弃物品与陶泥、绿色釉彩创作的整件作品，极具现代感。以两块圆形铁艺铁皮片为基座，一个铁片基座上7名少年通过金属竿串联在一起，运用金属竿造型上的变化产生节奏感，少年攀爬其上动感十足；另一个铁片基座上则是一名吹响攀登军号的少年造型；中间一名少年倚靠在金属竿上起到支撑视觉平衡的作用。几个局部互相呼应，组成整个画面。

构图形式

从构图上讲，作品整体可以看成斜三角形构图，两个铁片基座是面，成为画面的底座基础，充满着厚重感；不规则的各条金属竿组成攀登的台阶，象征着需要征服的种种困难，增加了画面的节奏感；绿色釉彩人物造型穿插其间，点、线、面组合成一个有疏有密、富有变化、充满着形式美感的画面。

色彩处理

铁锈色的基座与绿色釉彩的少年，形成了色相对比和冷暖对比，使主体人物更为突出。

▶
作品：攀
作者：朱俊靓
指导教师：沈莉芝
点评教师：戴华杰

中小学生美术创作与指导100例 **立体造型**

制作步骤

步骤一： 把金属竿组成两个造型，一个是支撑架梯子、一个是攀爬的架子，分别固定在圆铁片上。

步骤二： 将各个人物安排到架子相应的位置上。

步骤三： 进行整体构图调整，美化细节，完成作品。

不同角度的人物姿态展示

🎨 细节刻画

根据各个人物的不同角色和任务设计出不同的动作，通过仔细刻画使人物造型富有变化，增添了作品的节奏感和美感。

局部一

局部二

💡 创意亮点

通过梯子将散点人物整合成了一个整体结构。

第 16 例 荷塘蛙声

题材构思

这件作品的创作灵感来源于宋代词人辛弃疾的词句"稻花香里说丰年,听取蛙声一片"。荷叶形高足盘内的青蛙与小蝌蚪相映成趣,表现出荷塘月色下"蛙声一片"、生机盎然的自然世界,以此表达对和谐乡村的美好向往。

技法特色

作品是以手拉胚成型，结合捏塑、刻画制作而成的立体造型。作品巧妙利用高足盘的盘沿特征，在胚体未干前拉坯成型为"荷叶"，并运用工具刻画出荷叶的叶脉，捏塑成型的青蛙妈妈和三只小蝌蚪形态生动，在"荷叶"中自由欢快地生活着。

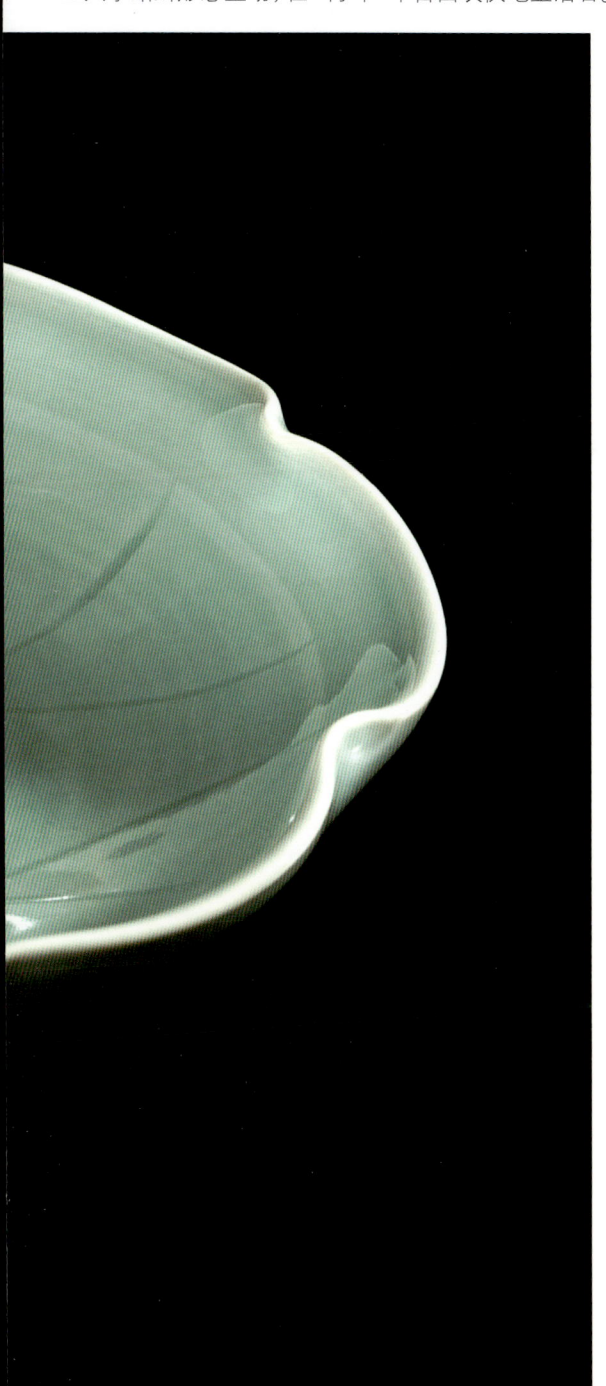

构图形式

从作品的整体来看，青釉包裹下的荷塘高足盘，盘口起伏的曲线犹如波光粼粼的湖面，与荷叶上刻画的叶脉形成线、面对比，同时盘中巧妙摆放的青蛙和蝌蚪是点，整体呈现出点、线、面的结合。整个作品动静结合，无声胜有声。

小知识

高足盘最早见于隋代，因古人席地而坐，高足盘使用非常方便，古人也把它叫作浅盘圈足豆。发展到了清代，高足盘盘沿多为花口，高足成喇叭状柱足，足径较小，品种则多以青花、粉彩为主。

临汝花口高足盘　宋代　　　道光青花团龙纹高足盘　清代

色彩处理

整件作品施以"龙泉青釉"，表现荷塘里的荷叶、青蛙、蝌蚪在月色中的静谧和谐，同时蝌蚪眼睛和青蛙身上的黑色亦是作品点睛之笔。以此回望有着悠远历史的"高足盘""梅子青"，更是向我们先辈手工匠人精益求精精神的致敬。

细节刻画

盘内的青蛙与蝌蚪动静结合，分布疏密有致，细节处的动态刻画，增加了作品的可看性、趣味性。

创意亮点

起伏的盘口犹如波浪，整个盘子犹如荷叶，更似荷塘，整件作品以小见大，趣味十足。

作品：荷塘蛙声
作者：叶蔡洋
指导教师：黄　莉
点评教师：江彩邦

第 17 例

大话西游

📖 题材构思

作品以名著《西游记》为创作蓝本，运用泥片、泥球等泥塑手法，通过细节刻画、动态表现，生动形象地展现师徒四人以及白龙马的形象，同时以夸张的手法增添趣味性。

🍃 技法特色

作品是运用泥片、泥球等泥塑手法制作而成的立体造型，"泥片"既可做衣服又可做身体；"泥球"既可做头部又可做串珠。作品巧妙利用不同泥巴呈现的不同色彩，丰富作品细节；夸张概括的艺术手法不仅增加作品趣味性，更使名著中的人物生动形象。

🗂 构图形式

"师徒四人"与"白龙马"形成高低错落的层次。其中站立状的唐僧为画面最高点，符合人物形象表达，坐于地上的猪八戒神态丰富，张开的双腿具有视觉延伸性，动静结合，增加了作品的可看性。

🎨 色彩处理

运用了同类色，通过深浅对比增加作品层次，使人物形象和谐生动。

✏️ 细节刻画

作品中对泥片的大小、厚薄的灵活运用，结合不同工具的刻画，增加了泥塑表现的丰富性，增添了作品的耐看性和美感。

作品：大话西游
作者：陈潘熠
指导教师：于佼佼
点评教师：江彩邦

创意亮点

巧妙利用不同种类、不同色彩的泥巴，如白色的高岭土、黄色的陶泥、深色的紫砂以及紫色的化妆土，使作品形象更生动。

第 18 例
团结与自由

📖 题材构思

作品以泥条的形态为创作语言，弯曲盘绕、错落有致的泥条，在紧密结合中形成团结之力，并运用釉色的变化呈现芽包自由绽放的生长的力量。

🔖 技法特色

作品采用了模具固定、晾干脱离并二次粘接的泥条成型方法。泥条在交错成型过程中注重疏密层次、虚实对比，形成了形式感极强的立体造型。作品中弯曲状的泥条环环相连，营造出团结之感，又与呈直线状的泥条形成对比，衬托出自由向上之势。作品在釉色运用中，注重冷暖色对比，相连的粉黄色泥条，形成不同的圆形，泥条顶部点缀的绿色泥球犹如芽包，蓄势待发。作品在冷暖色、点线对比中塑造了团结、自由之力量感。

▶
作品：团结与自由
作者：闵立华
指导教师：潘婷婷
点评教师：江彩邦

构图形式

从作品的整体来看,长短错落的泥条相互盘绕,交错连通,和看似随意捏制的泥球形成极为抽象的组合。把大量泥球堆积在作品上方,形成上密下疏的构图,使整个造型错落有致,展现出作品的张力。

色彩处理

不同形式相连的粉釉色泥条与绿釉色泥球形成鲜明的对比,使整件作品呈现出勃勃生机,或许这就是大地上一切生命自由生长的力量。

细节刻画

不同长短的泥条相互错落连接,以此形成虚实错落的不同形状,使作品富有极强的形式感,增强了作品的可看性。

局部

创意亮点

运用泥条与捏塑的抽象表达,营造出虚实和错落,具有极强的形式感。

第 19 例
徜徉

题材构思

作品以身边的材料为创作语言,巧妙将颜料流出后的自然延伸,想象成巨浪河流,展现材料产生的形式美感,表现追逐浪花、踏浪而行的乐趣,表达人与自然的和谐。

技法特色

作品巧妙利用丙烯颜料、颜料罐、油画框、石子儿、微型玩具这些身边的材料进行想象和拼装,以小见大,表现徜徉的自由欢快。作品大胆利用颜料罐倾倒后丙烯颜料的流淌之力,并以白色与蓝色的自然混合,呈现浪花滚滚的自然效果,再借用大小石子儿的摆放,营造河岸空间,微型玩具帆船犹如灵魂之笔,在人与景、动与静中展现作品魅力。

色彩处理

颜料罐中蓝色与白色的丙烯颜料形成间隔式混合，看似无意，实则是有意的精心处理，它们在白色的油画框上形成奔腾的浪花，与两岸的原色石子儿呼应，更突显了浪流的逼真和气势。作品巧妙利用对比色，黄色调的帆船，犹如黄色精灵，在河流上绽放。

局部一

构图形式

从作品的整体来看，蓝白色的河流倾斜而出，形成画面的对角线；颜料凝固后的形态如同奔腾的浪花欲流向前的势态；两岸的石子儿摆放有远有近，有疏有密。整个作品动静结合，体现出美感与张力。

小知识 什么是装置艺术？

装置艺术，是一种由非艺术材料构成，可在室内短暂陈列的立体展品，其中极少部分也会被博物馆收藏，它是一种布置展品的方法而非艺术特色或风格。最初的装置由弃置的传统雕塑材料而来，其主要定义是：(1)它们是装配起来的，而不是画、描、塑或雕出来的；(2)它们的全部或部分组成要素，是预先形成的天然或人造材料、物体或碎片，而不是艺术材料。

细节刻画

颜料罐中蓝白相间的颜料倾倒而出，作品巧妙利用颜料质感和画框的高度落差，生动展现浪流的流动与奔腾，把浪流的动感表现得淋漓尽致。

局部二

作品：徜　徉
作者：丁轼轩
指导教师：胡可人
点评教师：江彩邦

创意亮点

疏密有致的石子儿和前后摆放的两艘小帆船，巧妙呈现作品的空间感，同时以黄色调的帆船，展现了人与自然和谐的主题。

第20例 灵峰品茶

📖 题材构思

在美丽的西湖边，灵峰梅树下，喝着龙井茶，茶香和梅香弥漫在空气中，让人久久回味。这件作品的创作灵感就来源于此。通过作品体现了杭州精致、婉约、和谐的气质，也寓意着新时代杭州人民有着如梅般自强不息的精神。

🔖 技法特色

作品是以泥片成型结合捏塑制作而成的立体造型。在茶壶和茶杯的制作中，首先敲制大型泥片，切割所需形状，用泥浆粘制成形；茶壶的把手和杯口以捏塑表现的老梅枝巧妙替代；捏塑表现的岩石作为杯托，同时用泥塑工具刻画出石头的嶙峋质感，与粗糙的老梅枝形成呼应。

🖌 细节刻画

作品中梅枝的刻画，注重肌理与粗细的变化，以此呈现粗壮的老根与细嫩枝丫的对比，增添了作品的耐看度和意境。

作品：灵峰品茶
作者：郑茜予
指导教师：江彩邦
点评教师：江彩邦

👆 佳作欣赏

东晋 青釉双系鸡首壶

　　青釉双系鸡首壶因壶嘴作鸡首状而得名，是晋代至唐流行的一种瓷壶。此壶造型别致新颖，鸡首上昂，仿佛正在引颈眺望，与把手一低一高，遥相呼应，既庄重古朴，又使整个外形曲线流畅生动。

青釉双系鸡首壶　东晋

💡 **创意亮点**

　　作品以西湖十景中的"灵峰探梅"为灵感进行创意设计，并将相似替代的设计思维融入作品设计，呈现"来源于生活，又高于生活"的创作理念。

梅花

第21例
小观众

📖 题材构思
这件作品的创作立足于作者对人物的细致观察，通过小观众们各异的神态表情和丰富的肢体动作，联想到他们眼里的精彩世界，给观者以无限的想象空间。

技法特色
作品借鉴了西汉彩绘乐舞杂技陶俑的制作技法，用彩色瓷泥捏塑技法塑造立体人物造型。

构图形式
从作品的整体来看，孩子们席地而坐，一字排开，视野范围非常广阔。他们或鼓掌欢笑，或举手欢呼，或捂嘴惊叹，或交头接耳，每一个人物都极具个性，充满张力。人物造型高矮胖瘦各不相同，细致入微，整组作品有疏有密，错落有致，呈现出视觉上的美感。

色彩处理
作品在人物色彩处理方面有非常细致的考虑，例如有的用红色与白色调成浅粉红色，有的在浅粉红色中再加入少许黄色调出粉嫩的贴合中国儿童皮肤的色彩，并力求使人物的肤色有略微的深浅变化。因为此作品主要表现孩子们激动、惊喜的表情，因此服装色彩处理成冷色调，以免过多吸引观者关注服装。

作品：小观众
作者：蔡泽润　庄书怡
指导教师：王　洁
点评教师：王　洁

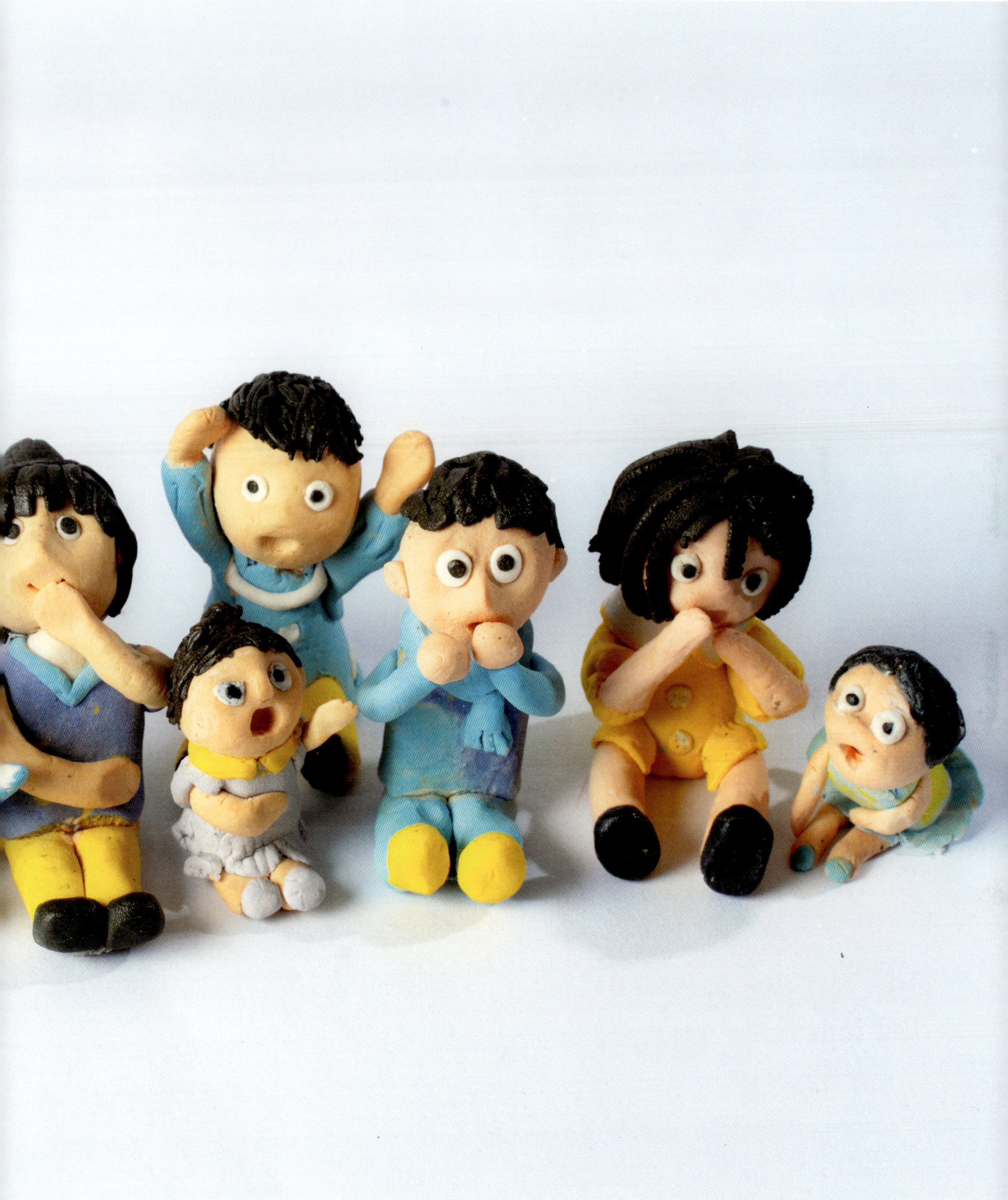

局部

细节刻画

作品中人物动作夸张、表情细腻，对表现作品的主题起到画龙点睛的作用。整组作品色彩和谐统一，人物发型各异，服装款式各不相同，细节刻画又极具变化，增添了作品的美感和耐看度。

制作步骤

步骤一：人物头、身、四肢各部位的调色及制作。

步骤二：人物眼睛、头发、服饰等细节的设计制作。

步骤三：各部位用瓷泥浆粘贴组合完成，细化人物动作及表情，完成作品。

小知识
彩色瓷泥

彩色瓷泥的主要成分是景德镇高岭土，是在高白泥中加入色剂调出的各色瓷泥。其泥质细腻，可塑性强，适用于陶艺捏塑、绞胎拉坯。且需通过1250℃以上高温烧制，成瓷不具备光泽度，配合透明釉烧制则色彩艳丽。

彩色瓷泥

佳作欣赏

汉代 彩绘乐舞杂技陶俑

彩绘乐舞杂技陶俑是西汉时期的文物。中国杂技艺术起源于先秦，至汉代大盛，称之"百戏"。这组彩绘乐舞杂技陶俑正是那时杂技演出的场景再现，有歌舞配合、乐器伴奏，场面热闹，人物神态生动鲜明，堪为陶器中之精品。

彩绘乐舞杂技陶俑　汉代

创意亮点

运用彩色瓷泥表现小型的陶艺人物，作品可以一次烧成，大大降低在用单色陶泥制作过程中因反复烧制、上釉、搬运造成的人为损耗。彩色瓷泥在人物造型创作中的巧妙运用，摆脱了繁复的陶艺制作的步骤，让创作专注于人物的细节表现，大大提升了陶艺人物创作的成就感。

由于人物的制作是单个制作，这样就可以通过各种不同的组合产生多种多样的构图，从而创作出多种不同形式构图的作品。

不同人物动态组合的展示

第 22 例
花果山美猴王

题材构思

这件作品创作灵感来自于《西游记》的主角美猴王。孙悟空回到花果山水帘洞，所有猴子都出来迎接，表现出格外的热情。

中小学生美术创作与指导100例 **立体造型**

技法特色
作品是由超轻彩泥捏塑制作而成的立体造型。

色彩处理
孙悟空与群猴们以红、黄、橙暖色调为主，在深灰色花果山及蓝色水帘洞的背景映衬下，显得活泼生动，整个场景热闹非凡。

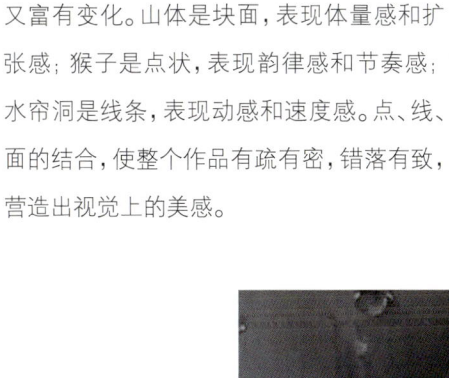

构图形式
作品以灰色山体为背景，构图平衡稳固又富有变化。山体是块面，表现体量感和扩张感；猴子是点状，表现韵律感和节奏感；水帘洞是线条，表现动感和速度感。点、线、面的结合，使整个作品有疏有密，错落有致，营造出视觉上的美感。

细节刻画
每只猴子表情、动作都各不相同，他们拿着金箍棒在花果山上尽情玩耍，作品充满了童趣。

作品：花果山美猴王　作者：胡姮祎　指导教师：施文韬　点评教师：王洁

局部一	局部二
局部三	局部四

创意亮点
此作品中有数十个不同的角色，形象众多，形态表情各异，但通过色彩和比例等关系的处理，又使整体非常统一。

第 23 例
疯狂动物城

📖 题材构思

这件作品的创作选材于美国动画电影《疯狂动物城》的两位主角——朱迪和尼克。在这部电影中,他俩以拟人化的造型出现,更是正义的化身,自信的朱迪和诙谐的尼克已成为孩子们心中的偶像。

疯狂动物城(电影招贴画)

📐 技法特色

作品是由软陶捏塑而成的卡通手办造型。朱迪一手叉腰一手亮出警徽,体现出警察满满的正义感。尼克背靠着朱迪,两手抱胸,眼神生动,是朱迪的好搭档。两个人物那夸张自信的表情拿捏得很到位。

📄 构图形式

两位主角背靠着背,面向两个方向,一矮一高,一左一右,一明一暗,一起站立在写有"ZOOTOPIA"(动物乌托邦)的圆形草坪上,形成了三角形构图,显得稳固和谐。

🎨 色彩处理

尼克橙色的毛发及绿色的衬衫色彩明亮,与朱迪深灰色的警服正好形成明暗对比,形成了视觉的冲击。写有"ZOOTOPIA"字样的绿色草坪又将两人紧紧地联系在一起,形成和谐整体。

▶ 作品:疯狂动物城
   作者:周飘飘
   指导教师:刘 斌
   点评教师:王 洁

中小学生美术创作与指导100例 立体造型

🖌 细节刻画

作品对兔子朱迪的警服、腰带配枪都有详细的刻画，狐狸尼克的衬衫、领带也是个性满满，细节刻画细致入微。朱迪和尼克的头部和四肢裸露部分的毛发用钢针丝丝刻出，毛茸茸的质感与服装面料光滑的质感形成强烈的对比，丰富了视觉效果。

局部一

局部二

💡 创意亮点

作品以夸张的手法塑造了拟人化的动漫造型，兔子朱迪长长的耳朵，狐狸尼克毛茸茸的粗尾巴，形神兼备，特征明显。两个角色生动有趣，受人喜爱。

第 24 例
一起来看戏

📖 **题材构思**

这件作品的创作取材于村子里看戏的热闹场景。每逢过年演戏的日子，四村八乡的亲戚都会赶过来。老人们早早带着凳子占几个座位，小孩们围着戏台转悠，戏演起来大家津津有味地欣赏，整个村子沉浸在浓浓的传统戏曲文化氛围之中。

技法特色

该作品是用超轻彩泥,主要采用捏塑的方法制作而成的。

构图形式

作品的整体由戏台与观众席两部分组成,观众们一致的视觉焦点将两块内容紧紧融合起来。三排观众席上,有的观众怀抱小孩,有的观众共打一把伞,有的观众将小孩扛在肩上……三个一组、两个一对,错落有致,充满了视觉节奏感。

色彩处理

专注看戏的人物的浅肤色与浓重而鲜亮的服饰,色彩对比鲜明;戏台、板凳、大地与古朴的背景用邻近色融为一体,整件作品主体突出,韵味盎然。

细节刻画

作品中观众们专注的神情和一致的视觉焦点成为整件作品的亮点,鲜艳的服饰和富有变化的人物表情为作品增添了耐看性和美感。

局部一	局部二	局部三	局部四
局部五	局部六	局部七	局部八

创意亮点

人物动态及表情细致入微。

局部九	局部十

作品:一起来看戏　作者:王婷雨诺　指导教师:唐可君　点评教师:王洁

第 25 例
老街记忆

📖 题材构思

这件作品的创作灵感来自孩子们对生活的观察。老街上爷爷奶奶们在喝茶、聊天、唱戏、听小曲儿，悠闲的生活与大多数人平日里紧张的工作、学习形成鲜明的对比，作者抓住了其中一个场景，于是就有了这件作品。

🔺 技法特色

作品是由超轻彩泥捏塑制作而成的立体造型。

构图形式

作品以石栏表面作为地面，酒桌、茶摊一字摆开，营造了浓浓的市井气息。人物"3+1"的组合打破了简单的人物排列，表现出节奏感和韵律感。作品巧妙地以江南水乡为背景，桥洞的映衬突出了正面这位爷爷的主角地位，他们在河边品茶小酌，悠闲自在的场景跃然于画面。

色彩处理

这件作品中四位老爷爷的服饰和八仙桌、小板凳都以深色调为主，让人仿佛回到了从前在老街的悠闲时光。餐桌上精致的小菜、老酒坛子上鲜亮的标签，又把观者的思绪拉回到了现实生活。侧脸光线的处理是这件作品的点睛之笔。

细节刻画

刻画细腻的人物表情，各异的神态动作，交流呼应的眼神，立刻让整件作品鲜活了起来。

💡 创意亮点

作者运用借景的手法，将作品摆放在自然环境中，人物形态各异，表情生动，很好地表现了"老街记忆"的主题。

▶ 作品：老街记忆
作者：章煜翔
指导教师：王　帅
点评教师：王　洁

中小学生美术创作与指导100例 立体造型

第26例
重塑新丝路

📖 **题材构思**

这件作品创作的灵感来自于作者在陕西历史博物馆第一次见到的"唐三彩骆驼载乐俑"——该俑构思精巧、造型夸张、做工细致,让作者震撼。作者知道它是唐三彩高超技艺的代表,是特别珍贵的文物。带着对文物的热爱,作者以"唐三彩骆驼载乐俑"为创作灵感纽带,设计了一支唐代胡人商队,以骆驼为舟,带着"五美"——即美乐(乐师)、美器(青花瓷)、美酒、美人(仕女)、美物(丝绸等货物)——经过敦煌满载而归的场景,富有趣味地表现了丝路的繁华景象。

作品:重塑新丝路
作者:杨博韬
指导教师:王俊生
点评教师:徐 军 王俊生

技法特色

作品的形式是陶艺，是用白泥、川泥、紫砂泥、红泥混合制作而成的。在烧制上把握好了不同泥性的烧制温度，如川泥可烧制温度为 1000℃~1400℃，而紫砂泥可烧制温度为 1080℃~1200℃。烧制的高难度使得成品率极低。而之所以采用这种极具挑战的方法，就是想利用泥土本身的特殊质感和颜色，表现质朴厚重的中国古典美学意蕴。

色彩处理

本组泥塑以唐三彩的黄、绿、白为主色基调，略施釉下彩，让作品具有唐三彩独特的艺术韵味。在主体人物的色彩设计上，采用素烧和透明釉相互对比的方式，以泥土本身的颜色结合透明釉的光亮，让整个人物的色彩呈现釉彩装饰和胎体装饰自然契合的特点。而未施釉的素烧人物，表面质感粗糙，呈泥土色，与主体人物形成强烈的对比和反差，体现出作品独特的整体色彩美学理念。

构图形式

作品以驼队和人物行走的队形为主线，采用了线性构图方法。个头相对较小的胡人、仕女和体形高大的骆驼形成点与面的强烈对比，横向的"S"形布局产生了静中有动的行走感，拉长了作品的空间长度。丰富的元素营造出很强的叙事感，让观者带着无限的想象，迅速走进作品，形成共鸣。

制作步骤

步骤一：用废旧报纸和纸胶带扎骆驼骨架。

步骤二：制作厚薄均匀的泥片。

步骤三：捏塑骆驼的造型。

步骤四：施透明釉烧制。

步骤五：用釉下彩颜料在骆驼身上绘制图案（在素烧后进行绘制），完成作品。

细节刻画

作品中人物的胡须和帽子，以及猎鹰的毛发，采用针型泥刀刻画的方法刻画出特殊的纹理，增强质感。

局部

佳作欣赏

三彩骆驼伎乐俑

时期：唐代。

文物级别：一级文物。

出土时间、地点：1959年西安市西郊中堡村唐墓出土。

尺寸：通高58厘米，驼高48.5厘米。

材质：陶器。

作品介绍：骆驼站在长方形底座上，引颈长嘶，驼背上的驮架为一平台，铺有色彩斑斓的毛毯，共有八名乐手，其中七名男乐手身着汉服，手持不同的胡人乐器，面朝外盘腿坐着演奏，中间有一站立女子正在歌唱，显然这是一个流动演出团。唐代艺术家用浪漫的手法将舞台设置在驼背上，可谓独具匠心。

唐代的开放，迎来了世界各地的人们，他们带来的各种奇珍异宝，让唐朝人爱不释手；他们带来的异域音乐和舞蹈，使唐朝人喜不自禁。能歌善舞的各国艺人在唐代首都长安这个大舞台上，尽情演绎着人们对太平盛世的赞美和对美好生活的追求。这件载乐骆驼俑表现了一个以驼代步、歌唱而来的巡回乐团，有主唱，有伴奏，骆驼背上放置一平台。一般人坐在高高的骆驼背上都有点心惊肉跳，而这七个人却围着圈坐在平台边沿演奏，个个神态坦然，全神贯注，沉浸在美妙的音乐中，达到了忘我的境界。而中间那位唱歌的女子，你看她梳着唐朝妇女的典型发型，身穿高束腰的长裙，头向上扬，右臂动作优美，神态优雅、自信，骆驼在走，她却站在乐队中间婉转歌唱，显然已是唱到了动情之处。整件作品中人物形象个个生动鲜活，连骆驼也好似踏着乐步徐徐行进。

西安地区出土的大量唐代表现乐舞艺术的陶俑与众多的文献资料一起，为我们再现了那个伟大时代震撼人心的乐舞之声，它穿越时空，久久回荡在历史的各个角落。直到今天，当我们看着这个驼背上的乐队时，耳边似乎又回响起了盛唐时期那优美的歌声和动人的旋律。

三彩骆驼伎乐俑

唐三彩胡人牵马俑

时期：唐代。文物级别：一级文物。尺寸：高29.8厘米。重量：0.635千克。材质：陶器。

唐三彩女立俑

时期：唐代。文物级别：一级文物。尺寸：高44.5厘米。重量：1.903千克。

材质：陶器。

唐三彩胡人牵马俑 　　唐三彩女立俑

💡 **创意亮点**

本组泥塑作品在元素创意上进行跨时空整合，将文物形象化身在作品中，充满了巧思妙想。

第 27 例
嗨！沙排

题材构思

该作品创作的灵感来源于沙滩排球运动，作品较好地表现出沙排运动对抗的瞬间，五位运动员的扣球、拦网、防守姿态生动形象，颇具动感。作品采用便于捏塑的铁丝、超轻黏土材料进行立体造型，呈现出力与美的激情碰撞。

技法特色

作品是由铁丝、超轻黏土、丙烯颜料等材料制作的立体造型。作品中的运动员形体是先用铁丝扎绕出骨架，再用超轻黏土简练概括地捏塑出人物的躯体及头部，对动作表现的注重使得每个人物生动而富有变化。人物表面用丙烯颜料进行彩绘与装饰。整体作品表现了沙滩排球运动的激烈对抗与现代时尚。

作品：嗨！沙排
作者：施昕仪
指导教师：郑　露
点评教师：谢钟强

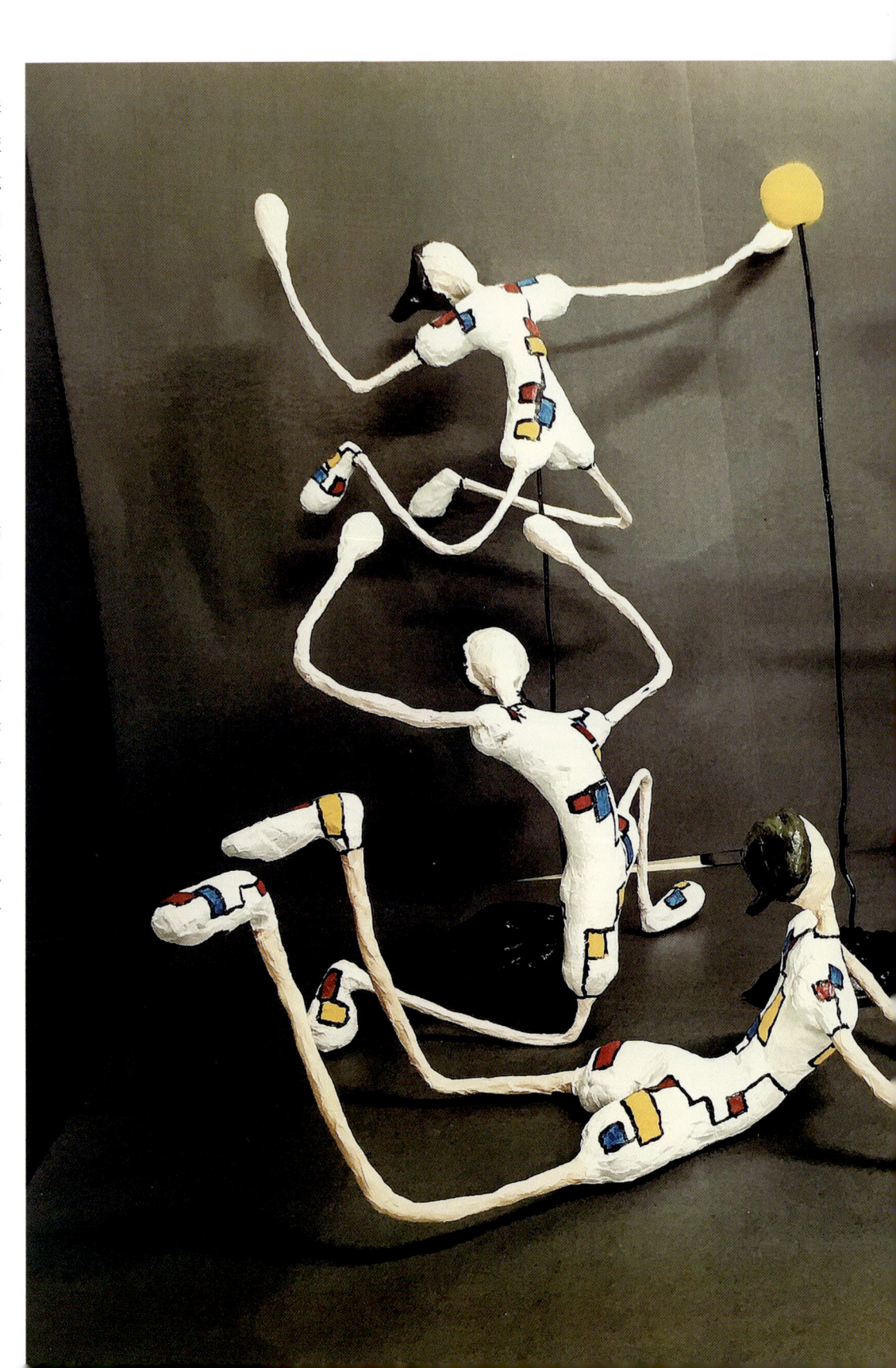

构图形式

整组作品人物的空间关系为由低到高的对称排列。从前面卧地的防守运动员到后面升腾扣球的运动员，视线依次上升聚焦于一个个竞技瞬间，强化了人物的动感。

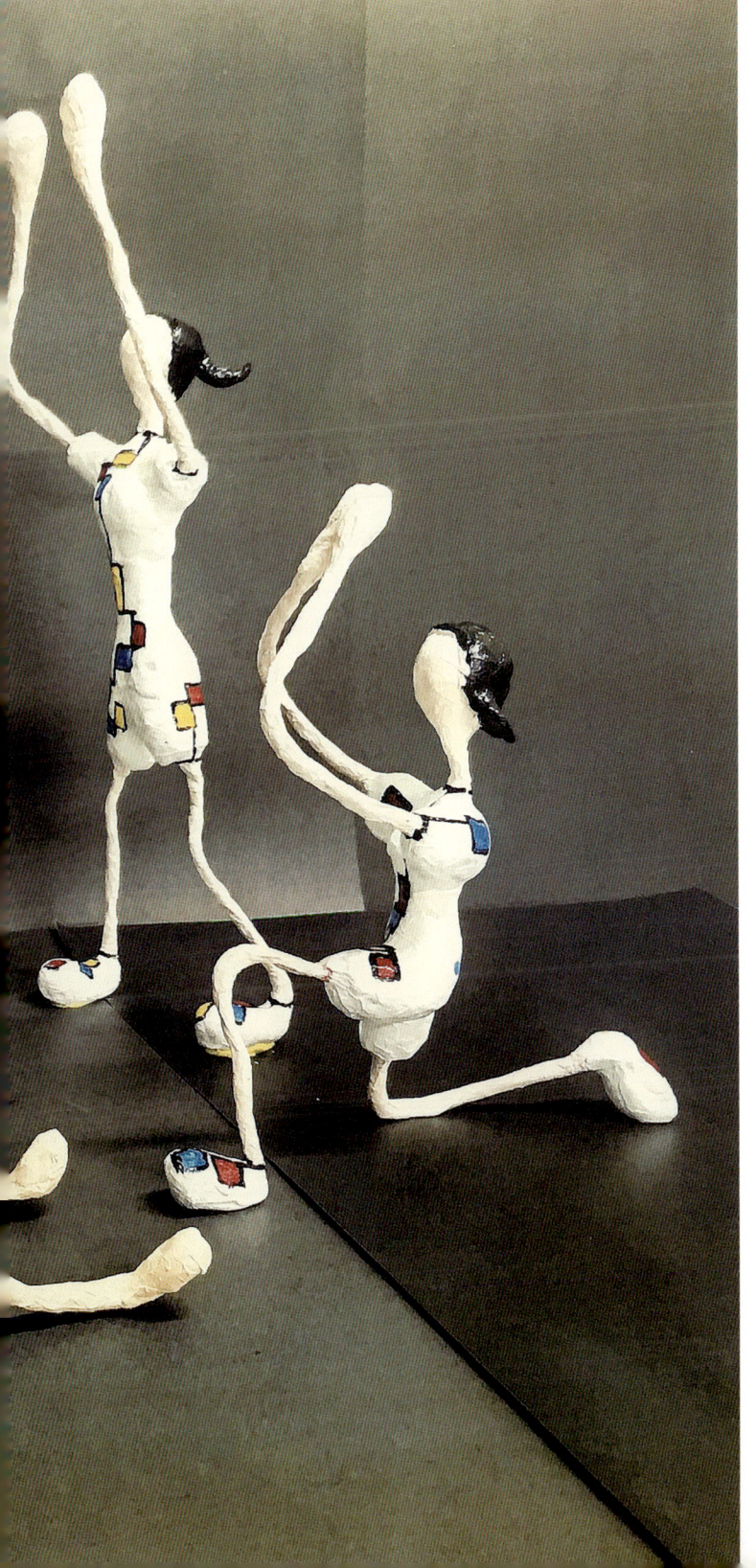

色彩处理

整组人物以白色为底色，借鉴荷兰风格派画家蒙德里安的《红黄蓝的构成》中的图样色彩，服饰上进行红、黄、蓝三色的装饰，半空中的黄色排球与人物服饰上装饰的色彩呼应和谐，三原色的强烈高纯度色相对比在白色的基底上显示出了跃动感和阳光感，烘托了作品的运动主题。

名家客座

蒙德里安《红黄蓝的构成》

《红黄蓝的构成》是荷兰画家蒙德里安几何抽象风格的代表作。画面将七个大小不同的矩形，通过巧妙的分割与组合，使平面抽象成为一个有节奏、有动感的画面，从而实现了他的几何抽象原则。借由绘画的基本元素直线和直角、三原色和三个非色素（白、灰、黑）的图案意义与抽象意义相互结合，象征地构成自然力量和自然本身。

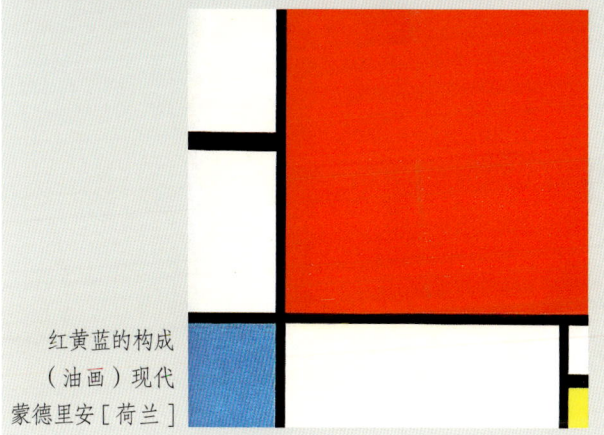

红黄蓝的构成（油画）现代 蒙德里安[荷兰]

细节刻画

作品抓住沙排运动员竞技的瞬间动态，动作的丰富变化形象地表现出了节奏感与速度感。地面接球与空中发球运动员的形体呈现C形，轻盈舒展，充满活力，让观者有身临真实赛场之感。

创意亮点

该作品以普通的材料再现了沙排竞技的精彩时光，"嗨"带起了激情与速度。

第28例
夺 冠

📖 题材构思
该作品创作的灵感来源于中国女排再度进入奥运决赛并且夺冠的场景。作品采用超轻黏土捏塑出比赛后运动员们击掌庆祝夺冠的精彩时刻，再现了中国女排这支王者之师的荣光。

技法特色
整件作品是由超轻黏土制作而成的立体造型。人物和排球由各色黏土捏塑而成，用肉色黏土捏出人物的基本造型，把黑色黏土搓成半圆形粘贴在脑后方，用橙色和白色黏土做出排球服饰，最后调整人物动作，呈现中国女排团结必胜的信念。

构图形式
六位排球运动员围成圈击掌，整体作品形成圆形构图。运动员的目光聚焦在击掌上，产生视觉的向心力，强化视觉中心，营造出了饱满的凝聚力。人物的形态塑造的变化蕴含着节奏感。左边排球的形体与主体形象的大小对比和分离呼应，增强了作品整体的生动感。

▸ 作品：夺 冠
作者：蒋雨萱
指导教师：蔡莉莉
点评教师：姚绪娉

色彩处理

　　橙、白两色是中国女排经典复古的排球服色彩,女排运动员穿着橙、白两色的服饰,与黄蓝相间的排球形成色彩呼应。整个作品让观者回到了女排夺冠的精彩时刻。

细节刻画

　　各个人物的姿态既统一又有变化,使整个作品和谐又具有动感。

局部

创意亮点

　　这件作品记录了历史性时刻,展现了时代的拼搏精神。主题在艺术形象的塑造中得到升华。

第29例

奔跑吧，少年

📖 题材构思

这件作品创作的灵感来自奔跑的少年，运用泥塑造型的方式将少年们奔跑带风的状态进行夸张的表现，体现了新一代青少年朝气蓬勃、奋发向上的面貌。

技法特色

作品是由陶泥制作而成的立体造型。整件作品巧妙运用泥条的线性特征，在不同动态的人物泥片上用长短各异的泥条进行排列组合，使人物奔跑富有动感。丰富的动态以抽象的形式进行展现，给人以无限的想象。

构图形式

从作品的整体来看，人物底座是块面，高低错落，沉稳有力；人物以泥条线的形式进行塑造，富有动感和速度感；人物布局大小错落，疏密有致，两个较大的人物形象一前一后，分布在作品两侧，四个较小的人物形象分别以单个两组、两个一组的形式进行布局，体现了空间的前后关系，使作品形象生动，表现出强烈的节奏感和视觉冲击。

色彩处理

底座黑白灰的处理，稳住整件作品的重心，基调和谐。人物形象的釉色自然富有变化，斑驳而富有肌理感，给概括的人物造型增添美感和耐看性。

细节刻画

泥条粗细均匀，排列组合时根据人物动态进行变化，富有美感。

局部一

局部二

作品：奔跑吧，少年
作者：卢　萱
指导教师：詹盈雅
点评教师：许丽芳

创意亮点

作品用线条的张力结合陶泥的厚重质感表现动态，构思巧妙，形式新颖。

第 30 例
森林之歌

📖 题材构思
这件作品用精美的画面展示了森林的神奇与美丽，以及人、动物和森林的和谐共生关系，唱响生态文明的主旋律。

技法特色
作品是由超轻黏土制作而成的立体造型，采用压、卷、捏、刻、搓等多种方法进行塑形。叶片形态各异，层次丰富，有一种风吹草即动的韵律美；人物和动物的表情刻画生动，人物衣着逼真，细节刻画得细腻丰富。

构图形式
此件作品采用中心式构图，主体明确，视觉效果强烈。

色彩处理
各种植物以蓝绿色为主调，不同深浅的蓝色和绿色使整件作品层次丰富又和谐统一；摄影者戴着黑色的眼镜和帽子，身着褐色外套，挂着有赭石色相机带的黑色相机，在明亮多彩的蓝绿色调中显得更为醒目；丰富的冷色调与单一暖色调色彩的对比处理，让作品在表现丰富元素的同时突出主体；大小不一、颜色各异的小花，为整幅作品增添了层次和趣味。

作品：森林之歌
作者：崔振伊
指导教师：赵一频
点评教师：许丽芳

中小学生美术创作与指导100例 **立体造型**

🖌 细节刻画

人物衣领立体厚实，拉链扣形状逼真，相机带翻折自然有趣，动物表情刻画得生动有趣，点缀的花卉造型活泼，充满童趣。

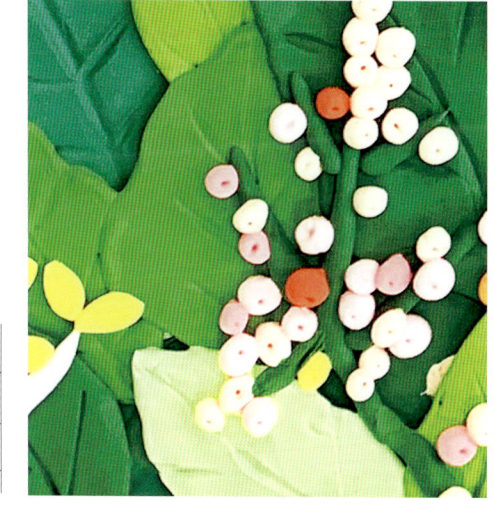

局部一
局部二
局部三

💡 创意亮点

这件作品色彩丰富，凸显主体，充满童趣。

第 31 例
正青春

📖 题材构思

春暖花开，万物复苏，与好友一起骑上单车外出游玩。勇敢的骑车少年，慢慢松开双手，展开双臂，迎暖风入怀，闭目去感受风的自由。作者以简练的艺术手法，塑造了三个形体纤细、朝气蓬勃、乐观积极的骑车少年。

技法特色

作品造型以概括的表现手法,突出人物动态及单车、服饰等特征。作品线条舒展,薄薄泥片贴出的衣饰随风扬起,显得身体更加轻盈飘逸。骑车少年扬起笑容,双眼微闭,深呼吸,与大自然融为一体,身体如鸟儿般自由自在,无拘无束,娴熟的车技外加小冒险的动作,给观者一种身临其境之感。

构图形式

这件作品让人看到后的第一感觉是,他们好舒服啊,他们在哪里呢,乡间,草原?还是海边?对环境的猜测,增加了雕塑意味无穷的神秘感。三人骑车动作统一中又有变化,一个直立感受着匀速行驶,一个坐着双脚踩踏板,还有一个边骑边斜向一侧,展现了他们大胆尝试的勇气,少年们用肢体动作来表达内心的感受与激情。作品把轻盈舒展而健美的追风少年,刻画得生动传神。用木托作为作品的底座,增加了作品摆放的灵活性与可观性。

色彩处理

神秘的仿铜着色,用变幻的色彩,存留特别的美丽。对木架的仿铜渲染处理,使整个作品色调和谐而统一。

细节刻画

纤细的身体,伸展的手臂,有层次的内衫、外套,敞开的衣角,不同的骑车姿态,这些细节的捕捉与表现可见作者的功底。

局部一

局部二

作品:正青春
作者:吕妍慧
指导教师:周建东
点评教师:张风叶

创意亮点

这件作品采用线及骨形来探索形体空间,独特的构思及灵动的表达,让观者真切地感受到青春应有的味道。

第 32 例

一二三，一起跳

📖 题材构思

这件作品的创作灵感源于三个体态丰腴的女孩跳绳的场景。她们肩并着肩，紧挨在一起，在整齐的口号声中动作一致，配合默契。她们感受着跳绳带来的乐趣，笑声在校园内回荡，脸上洋溢着兴奋与快乐。作品传递了一种运动美，将女孩们充满活力的青春表达得淋漓尽致。

▸
作品：一二三，一起跳
作者：胡可儿
指导教师：金锡彪
点评教师：张凤叶

技法特色

对形体的塑造思路明确而肯定，尊重自己的感觉，不拘泥于细节，很好地抓住静止和运动的关系，呈现出了浑厚却不失动感的雕塑形象。作者手法熟练，特别是在对身体的块面处理上，有着很高的技巧，把人物的关系、姿态交代得有条不紊。腹部镂空减少了身体厚重带来的笨拙感，给人一种轻盈的感觉。弧状向上延伸的跳绳，让人产生无限遐想。概括的面部特征，上扬的头部，嘴唇说话的样子，颇有几分调皮的格调。底板和主支架支撑了作品人部分重量，起到稳定和承载的作用，为作品顺利呈现提供了保障。

构图形式

作品强调体积感与重量感，有单纯化与抽象化的倾向。三个跳绳女孩的身体与绳子形成了强烈的疏密对比关系，她们头部转向各有不同，小辫子一甩一甩的，动作健美，充满自信。整个画面具有迸发的气势，充满生命力，有热烈奔放的美感。

色彩处理

用浓烈的大红，塑造出了一个奔放热情、无忧无虑、团结又有默契的运动场面，醒目又积极。

细节刻画

概括的面部、挖空设计的腹部、不同朝向的动感小辫子等细节，捏塑出了三个女孩的各自特点，富有变化，让人可以想象她们跳绳时的热闹场景。

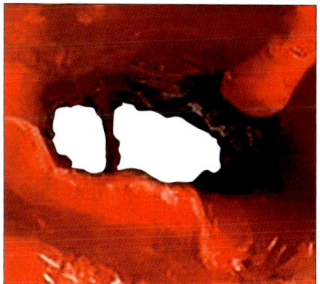

| 局部一 | 局部二 | 局部三 |

创意亮点

腹部挖空，赋予了作品人物圆润丰满的体态及基本形象，还能给观者视觉上既厚重又轻盈的感觉。人物形象饱满而具有张力，展现出运动的状态。作品以弧线跳绳横贯，突破了空间的局限。

第 33 例
逆行者

题材构思

新冠疫情带给我们的酸甜苦辣,每个人都各有体会。在这场没有硝烟的战场里,无数医护人员奋战在抗疫的第一线。他们是战场上最勇敢、最可爱的人。他们不顾危险,始终坚守在自己的岗位上,他们以无畏的勇气、坚定的信念,感染着我们每一个人。作者用黏土捏塑致敬那些在疫情中为我们奔赴前行的逆行者。小作品,大敬意,赞美了医护人员团结一心、互帮互助的精神风貌。

技法特色

作品是一个时期的缩影,是精神产物,好的作品可以让观者产生共鸣,引发深思。《逆行者》就是这样,是一件让人看了深有感触的作品,确实完成了表面的造型语言以及内部情感的输出。在作品中,作者利用黏土质地细腻、黏合力强的特点,整体把握好面与体的组合关系,用刻压短线来表现衣服褶皱,用搓条手法制作各个部件,绘出面部与五官等。作品中表现的医护人员间的团结一心、互帮互助的精神让人肃然起敬,能激起观者强烈的共情。

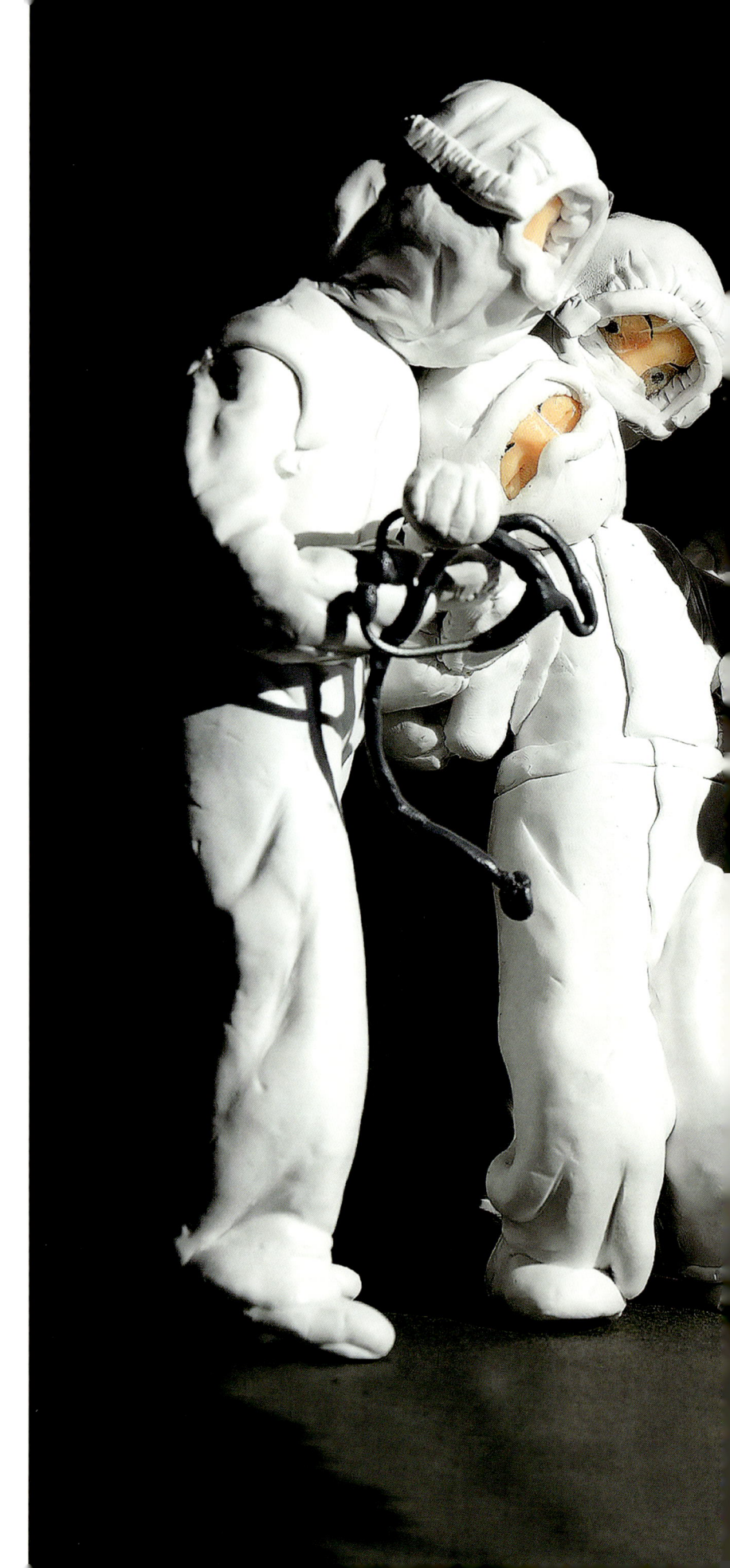

作品:逆行者
作者:赵翊多
指导教师:缪荣良
点评教师:张风叶

中小学生美术创作与指导100例 立体造型

🟩 构图形式

作者注意处理细节表现，很好地抓住了人物头部、颈、胸、四肢等的动态变化。围在一起的医护人员，让观者视线情不自禁地聚焦在中间的医护人员身上，他那快要倒下的松软的身体与手中紧握的黑色听诊器，形成了强烈的反差。战友们或俯身搀扶，或紧张询问，紧锁的眉头，充满担忧的眼神，使作品呈现一种紧张感，展现出疫情期间大家团结一心、众志成城的精神风貌。

🟢 色彩处理

白色的防护服，不仅与黑色的背景形成强烈对比，更隐喻了逆行者们毫无杂念、一心抗疫的决心。黑色的听诊器，露出的面部与五官，在聚光灯下分外耀眼。

🎨 细节刻画

松软无力的身体仍紧握着听诊器，严密厚重的防护服下紧张的神情，均体现出作者观察的细腻。

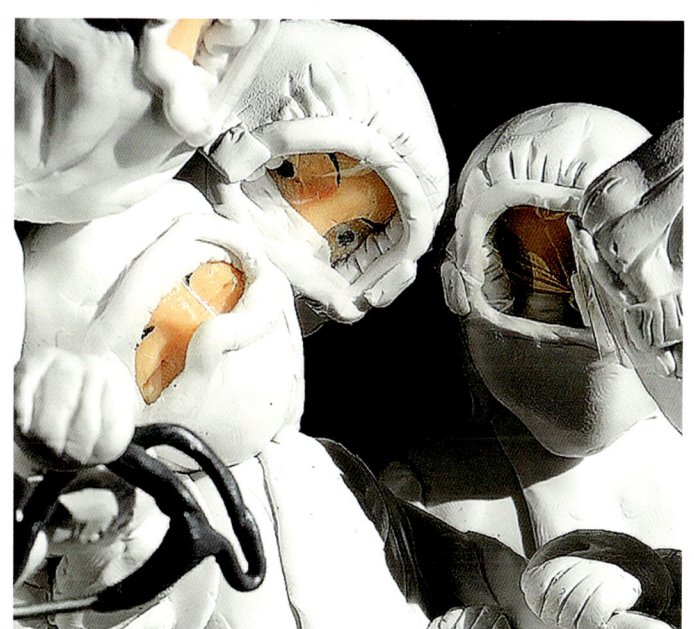

局部

💡 创意亮点

代入感很强，观者易产生强烈的共情，这就是好的泥塑作品的力量。我们能岁月静好，是因为有无数逆行者在负重前行，是他们用肩膀为我们承担了重量。医者仁心，为大国舍小我，致敬逆行者。

第 34 例
爱的抱抱

📖 题材构思

他是谁？他们又是谁？他如山般高耸端庄的造型，规整中又有变化，是父爱如山，是关心爱护学生的教师，还是有海般胸怀的祖国母亲？是，都是。他那慈祥而深邃的双眼，理性、沉稳、宽宏……这件作品无论是从题材内容上还是从形象刻画上，都十分生动地表现了世界上最为美妙深沉的主题，那就是爱。

🔖 技法特色

圆雕与浮雕，半身像与群像的巧妙结合，体现了作者的创新思维。主雕塑人物方形的身体，略去手臂，重点突出他宽阔的胸怀。他昂首挺胸，目光坚定，眺望远方，似父亲，似老师；他睿智、强健、包容。其细节刻画细腻生动，用阴线刻画的缕缕发丝清晰可见。浮雕人物自下而上变多，施有红釉的围巾将他们相连，他们如孩子般依偎在父亲的怀里，相互依靠，脸上都红扑扑的，像熟透的苹果，一个小女孩手上还抱着小猫咪，可爱极了。

▸ 作品：爱的抱抱
　作者：胡杭琪
　指导教师：胡荣樽
　点评教师：张凤叶

构图形式

作品看起来像是一家人拍的全家福，给人的感觉温暖和谐。主体形象处在中央，顶天立地，关爱着怀中的每一个孩子。孩子们肩抵着肩，露出圆圆的脑瓜儿，笑眯眯的。怀中八人一猫，有疏有密，姿态多样，让主体稳重的身体既不笨拙，也不单调。

色彩处理

铺底的大面积蓝色陶衣，如大海般深邃。垂于胸前的红色围巾，不仅丰富了色彩层次，且内涵丰富。

细节刻画

额头上浅浅的皱纹，若有所思的双眼，微张的嘴唇，似笑若语的神情，饱含深意的蓝色陶衣，巧妙连接的一抹红色等细节处理，都让作品在工整中更显灵动。

局部一

局部二

创意亮点

整件作品以形体的夸张构建为语言传达情感，浑厚饱满，让观者产生"坚强的后盾""顶梁柱""大海般的胸怀""父爱如山""知识的海洋"等多种联想。作者以巧妙的构思，把这深深又无私的爱表现得生动而有力，从中可见作者对泥塑艺术语言的理解和把握。

第 35 例
小乐手

📖 题材构思

这件作品创作的灵感来源于校园文化艺术节活动中的乐队表演。作品利用泥塑表现三名乐手敲锣打鼓、喜气洋洋的画面，以此传递校园青春力量积极向上的精神风貌。

🎨 技法特色

作品是用陶泥融合了揉、搓、压、刻、捏等技法制作而成的立体造型。作者在模仿的基础上加入自己的情感。三个稚气未脱的小乐手，一个敲锣，一个拍鼓，还有一个瞪着眼、嘟着嘴、鼓着腮帮子吹着竖笛。上小下大的陶身设计，夸张的腿脚，使作品有稳定感。作品中乐手欣喜又调皮的神态，天真又不失机敏的动作，富有感染力，让人不禁跟着眉开眼笑。

作品：小乐手
作者：蒋艺浩
指导教师：张风叶
点评教师：张风叶

构图形式

从作品整体来看，有的元素为点，如粒状的纽扣、五官，醒目而突出；有的元素为线，如条状的竖笛与四肢、线刻的嘴角，形成一定的动感与方向感；有的元素近似于面，如片状的衣服、帽子和锣。点、线、面结合，局部细节的生动刻画与整体的简单稚拙结合，使整件作品变得富有生气，活泼且充满动感，加强了作品的趣味性和可观性，给人以美的享受。

色彩处理

褐色的陶泥，使得整件作品呈现出质朴的灵动。

细节刻画

从作品中可以看出小作者是一个善于观察生活、充满创造力的孩子。她不仅抓住了乐手在吹打乐器表演时的动态特征，也有局部细节的深入刻画。生动的表情，加上定格在一瞬间的表演动作，烘托出一种欢愉喜庆的气氛，给人以喜悦感。

局部一	局部二
局部三	

创意亮点

小作者由于年龄特点，捏塑中远离了"写实"的束缚，手法舒展自然，形象刻画呆萌有趣。

第 36 例

党啊，听我为您唱支歌

📖 题材构思

这件作品表现了新时代少先队员，通过吹拉弹唱等表演，用嘹亮的歌声、激昂的乐章，表达对党的崇高敬意与热爱，献礼建党百年。

技法特色

作品是用陶泥材料制作而成的立体造型，手捏成形后用釉烧技术，塑造出少先队员们吹拉弹唱的表演场景，深入刻画了人物表演时的姿态与神情。

构图形式

从作品的整体来看，四位少先队员以舞台为场地，依次展开。每名少先队员情绪饱满，十分投入，以不同的姿态演奏着中国传统乐器，表现了"童心向祖国，为党唱支歌"的作品主题。

色彩处理

四个人物的脸、手、裤子、鞋统一用泥的本色，而人物的衣服则在本色的基础上涂上一些点、线状的白色，使之形成类似迷彩服的效果，使色彩产生明暗对比。整个作品色彩简朴统一。

制作步骤

步骤一：用陶泥捏塑成吹拉弹唱的人像。
步骤二：泥塑人物阴干若干天。
步骤三：进窑以800℃烧制。
步骤四：上釉，釉烧至1200℃，烧制完成后，检查无误，完成作品。

人物表情　　手势动态　　乐器

移动人物位置的不同组合

细节刻画

人物的表情刻画、手势动态设计，以及乐器的细节处理都很到位。

创意亮点

人物形象生动活泼、憨态可掬。

作品：党啊，听我为您唱支歌
作者：廖艺涵
指导教师：张明海
点评教师：张明海

第 37 例
娃娃学皮影

📖 **题材构思**

作品取材于同学们学习皮影艺术的非遗传承活动，大家聚在一起玩皮影人物，场面热闹，欢声笑语。

🗂 **技法特色**

作品中的人物由超轻黏土捏塑而成，并且这些人物以浮雕的形式呈现，中间的彩绘皮影人物通过平面剪贴的方式表现，两者形成一种对比。

构图形式

作品中捏塑的人物非常生动。作品表现了一群活泼可爱的同学聚在一起玩皮影戏的场面，一个同学在玩皮影，其他同学有的仰着头在欣赏，有的在鼓掌，边上的女同学手舞足蹈，学习皮影人物的表演动作，营造出热闹气氛。

色彩处理

整件作品中的黏土人物通过刷金色丙烯颜料的方法，使之产生如铜雕一般的质感，与中间的彩绘皮影人物形成鲜明的对比。

小知识 皮影戏

皮影戏艺术是我国民间古老的传统艺术，据史书记载，它始于汉代，兴于唐代，盛于清代，元代时期传至西亚和欧洲，历史悠久，渊远流长。它是一种让观众通过白色幕布观看平面人偶表演的灯影，来达到艺术效果的戏剧形式。在过去还没有电影、电视的年代，它曾是十分受欢迎的民间娱乐活动。

皮影戏表演艺人

细节刻画

作品中人物的发型、五官、表情、动作、衣着都富有趣味，也很稚拙，中间的彩绘皮影人物刻画得非常细致，对其发型、头饰、服饰都进行了深入的刻画表现。

作品：娃娃学皮影
作者：胡真需
指导教师：张　健
点评教师：郑猛达

创意亮点

作者利用适合学生掌握的超轻黏土捏塑人物形象，技法相对简单，人物造型生动，金色丙烯颜料增强了浮雕的立体感。

第 38 例
攀登者

📖 题材构思
作品取材于我国登山运动员登顶珠穆朗玛峰的事迹，表现了登山队员不畏山高路险，团结一致，以顽强的意志力，克服重重困难，终于把五星红旗插上珠峰的场景。

📄 技法特色
作品主要用超轻黏土制作攀登者，深浅不一的颜色和粗犷的笔触突出了珠峰的陡峭。

🎨 构图形式
作品整体以三角形的珠峰为主体，人物以点的方式呈现，形成一种对比。同时山顶上的五星红旗是作品的至高点，表现了攀登者目标一致、永攀高峰的决心。

▸ 作品：攀登者
作者：郦炼
指导教师：郭天琪
点评教师：郑猛达

🎨 色彩处理

作品利用不同颜色的超轻黏土制作攀登者的衣着，和主体珠峰形成鲜明的色彩对比，同时，山顶上五星红旗的鲜艳色彩凸显出攀登者的目标。

🖌 细节刻画

整件作品细节很多，如攀登者衣着色彩的不同，高低错落的攀登者的动态也很真实，有的在相互帮助，团结协作；有的还头朝后鼓励后面的攀登者——正是这样一个个生动的画面展现了攀登的意义。

| 局部一 | 局部二 | 局部三 | 局部四 | 局部五 |

💡 创意亮点

一件好的作品首先就要有好的立意，这件作品一方面正面歌颂了攀登者的勇气和精神，另一方面更鼓励我们每个人都应该在平时的工作和学习、生活中努力克服困难，积极向上，坚持不懈，不折不挠。

第 39 例
江南民居

📖 题材构思

作品取材于江南独有的黑瓦白墙特色民居建筑，作品地域特色明显，各个建筑之间高低错落，层次感强。作品体现出小作者对家乡的热爱。

技法特色

作品主要使用陶艺的泥片成型的手法，利用陶艺工具进行泥片的切割，再以粘贴组合的方式呈现，并且采用刷白釉的方式使建筑墙面有较强的质感。

名家客座

吴冠中

江苏宜兴人，当代著名画家、美术教育家，他的画集中有很多具有江南韵味的民居的画作，做陶艺的同学可以学习欣赏。

江南水乡之一（水墨） 现代 吴冠中

江南水乡之二（水墨） 现代 吴冠中

构图形式

从作品的整体来看，远近、高低、疏密、错落的关系处理得当，使作品中江南村落的景象，特别是高高低低的马头墙，表现得很有节奏感。

细节刻画

门、窗户是墙的眼睛，我们通过仔细观察可以发现，作者表现了具有不同江南特色的门窗，有的是扇面窗，有的是月洞门，有的门前有台阶，有的木门上还做了门环，生活气息浓厚，可见作者平时观察得非常仔细。

创意亮点

陶艺泥巴是很多学生喜欢的表现材料，他们可以通过手中的泥巴自由地塑造出自己心里构想的作品。通过简单的工具进行自由切割、组合，作品更加有质感了，最后再上釉、烧制，使作品有了更好的展示效果。

作品：江南民居
作者：张米乐
指导教师：施艳丽
点评教师：郑猛达

色彩处理

作品釉色给人的感觉很清新，黑瓦白墙，有的刷粉青色釉，这样的处理使视觉效果不单调。作品并不通体满釉，而是部分露出了陶泥的本色，所以整组作品的色彩显得很丰富。

小知识

江南民居是中国传统民居建筑的重要组成部分，江浙水乡注重前街后河。但无论南方还是北方，其传统民居的共同特点都是坐北朝南，注重内采光；以木梁承重，以砖、石、土砌护墙；以堂屋为中心，以雕梁画栋装饰屋顶、檐口。

江南民居常见的平面布局方式和北方的四合院大致相同，只是一般布置较紧凑，院落占地面积较小，以适应当地人口密度较高，要求少占农田的需求。

安徽民居

第 40 例
稻花香里说丰年

📖 **题材构思**

　　作品取材于秋收时节的农忙场景，田间的农民伯伯忙着收割水稻，谷满仓，运粮忙，丰收的喜悦洋溢在人们脸上。作品表达了人们通过勤劳的双手，创造幸福美好生活的愿景。

技法特色

作品采用陶艺捏塑的方法造型,拖拉机、谷仓采用泥片成型的方法捏塑,并且利用陶艺工具进行简单的刻画,人物和服饰等也采用捏塑的方法成型。

构图形式

作品构图饱满,有层次,有近景、中景、远景,每部分内容各不相同又有所关联。

色彩处理

作品通过泥塑的方式表达主题,利用陶泥本身的色彩来表现,更显淳朴。

细节刻画

对劳动工具——农用拖拉机、手推车的造型,作者刻画得很仔细,其次每个人物的表情、衣着表现也很细致,两个小女孩积极帮助大人捡稻穗的姿态生动。同时为了增加生活趣味,在边上还捏塑了一只小狗,令作品更加凸显生动性。

| 局部一 | 局部二 |

作品:稻花香里说丰年
作者:邵钰轩
指导教师:郑猛达
点评教师:郑猛达

创意亮点

艺术来源于生活,我们可以通过手中的泥巴来表现生活中的美,例如作品所展示的劳动场景。

第 41 例　成　长

📖 题材构思

作品取材于少年儿童快乐成长过程中的场景，这样美好的画面我们经常能在校园、小区里看到，其中还加入了一些童话色彩，如左边的小女孩牵着大蜗牛在散步，作品中间两个小朋友用放大镜在观察地上的东西，似乎发现了大秘密。艺术来源于生活，让我们拿起手中的材料来表现吧！

技法特色

作品主要通过雕塑油泥材料进行造型,所以这件作品中的人物看起来很"润"。雕塑油泥塑造方便,只要加点热水就可以用来捏塑,也是雕塑家和工业产品设计师做作品小稿、翻模具所经常使用的材料之一。这件作品如果把它放大也是极好的一件雕塑作品。

构图形式

地上趴着的两个小朋友在作品的视觉中心,他们的探索活动,吸引了边上牵着大蜗牛的女同学,吸引了边上在踢球的小男孩,吸引了后面坐在凳子上看书的小女孩,这样的场景式构图充满了生活气息。

色彩处理

作品利用雕塑油泥制成,保留雕塑油泥的原始色彩和质感,整体给人仿玉雕的感觉。

细节刻画

作品中人物的发型、动作、衣着、衣纹,甚至表情都刻画得很细致,将一个生动瞬间凝固在那里,让我们可以想象到当时的画面多么有趣!

创意亮点

不同的材料可以创作出不同的作品,所以在平时的艺术创作中,我们要善于去发现,去寻找,去利用。同时,创作的题材其实就在身边,我们可以用心去观察,用灵巧的双手来表现。

作品:成 长
作者:黄辰熠
指导教师:骆 银
点评教师:郑猛达

第 42 例
摘杨梅咯

📖 题材构思

盛产杨梅的地方，漫山遍野的杨梅树在孩子的心中形成一幅美丽无比的画。杨梅成熟时，就是一个欢庆的时节，小朋友跟着爸爸妈妈一起采摘杨梅，享受丰收的甜蜜与喜悦。这件作品的创作就是为了表达孩子对梅山的感情和对丰收的赞美。

技法特色

这件作品属于浮雕形式的立体造型，是用彩色油泥，通过揉、捏、搓、压、刻等方法制作而成的。作品中人物造型稚拙可爱，符合这个年龄段孩子的特征：大大的脑袋，小小的身体。简化的肢体动作，给了作品别样的味道。作品采用刻画的方式来丰富细节，杨梅上戳一些小点点，树皮上划一些疏密不一的短线条，衣服上添加格子纹，等等，这些都给画面增添了很多趣味。

构图形式

该作品采用了环抱形的构图，以杨梅树为中心，人物围绕在周边。画面中众多的人物三五成群，一组一组地被小作者布置在大树周围，有动有静，错落有致。

作品：摘杨梅咯
作者：李函朵
指导教师：徐婷婷
点评教师：朱 莉

中小学生美术创作与指导100例 立体造型

色彩处理

整个画面是蓝灰的调子；人物的脸部是画面中色彩最亮的地方；衣物以蓝绿色为主，少数几处用不同深浅的红色表现；杨梅树采用和背景统一的色彩，杨梅采用的是稍稍偏暗的红色，这个颜色不会让杨梅显得很突兀，能很好地融入整个画面之中，而且这个红色还能让人感觉到这是成熟美味的杨梅。整个画面的色彩处理生动活泼、和谐自然。

制作步骤

步骤一：铺底。做好肌理效果。
步骤二：制作人物。将肤色油泥揉成球体做头，捏好五官，打上腮红；然后将油泥揉成水滴状稍稍压扁做身体；再将油泥揉成水滴状做手臂，揉成小圆球做手，揉成圆柱做腿，揉成小椭圆球做脚，组合成人。
步骤三：画面组合。将人物一组一组地放置在杨梅树周边，调整至最佳位置。
步骤四：刻画细节与整体微调。添加树纹、衣纹、杨梅的刺等让画面丰富的细节，微调处理，完成作品。

细节刻画

用按压的方式故意把背景做得起伏有变化，很好地烘托人物的精致可爱，并且在背景光滑的油泥上刻画纹理，增添画面的肌理感，使画面富有变化。

背景

创意亮点

浮雕式的画面生动有趣，能很好地表现儿童天真烂漫的内心世界。

第 43 例
和谐共生

📖 题材构思

该作品创作的灵感来源于对孔雀的观察，作品较好地表现出七只孔雀似在争论着什么，又好像在很和谐地商量着什么的场景。七只孔雀姿态生动，静中有动。作品利用玻璃瓶、塑料瓶、超轻黏土、纸浆和马克笔等材料，并加以概括造型，呈现出造型与造型之间、色彩与色彩之间的碰撞。作品通过孔雀的和谐相处，隐喻当今社会人们之间的和谐关系。

🗂 技法特色

作品用酒瓶、塑料瓶作为孔雀的身体部分，在瓶子外面使用丙烯颜料涂色，并以超轻黏土进行装饰，脖子部分结合了纸浆工艺，最后进行涂绘描画。整件作品展现了孔雀的造型美与色彩美。

▸ 作品：和谐共生
作者：李思诺
指导教师：姜　虹
点评教师：吴菁菁

构图形式

利用石块的高低，作品中的孔雀造型错落有致地排列，相互间以头的朝向来进行呼应。六只孔雀两两相望，高低间错落有致，另一只孔雀低头啄自己的羽毛，与其余六只形成鲜明的姿态对比。

色彩处理

整组作品以蓝、绿、黄为主色调。孔雀嘴巴选择了和脖子色彩对比鲜明的颜色，在整件作品中显得格外突出。整组色彩给人活泼、明快、积极向上的感觉。

细节刻画

作品通过点、线、面的组合，塑造了七只神态各异的孔雀。通过脖子的粗细、长短及扭动的姿态来突出七只孔雀的不同造型，让画面充满了活力。

局部一	局部二	局部三
局部四	局部五	局部六

创意亮点

该作品以朴实的材料塑造了一组生动的孔雀。通过孔雀的不同方向和位置的摆放，可以组合成不同的画面。

不同场景的组合搭配

第 44 例
江山如画

📖 题材构思

该作品创作的灵感来源于宋代王希孟的《千里江山图》，这是学生完成作品欣赏之后展开的二度创作。时值换季，作者巧妙利用校园梧桐树脱落的树皮来表现山乡秋色之美。

技法特色

作品是由梧桐树皮制作而成的立体造型，将树皮通过叠加的方式进行造型，表现出了祖国山川的层层叠叠之美。作品中树皮的叠加方式富有变化，用竖着叠加来表现山峰之高，用横着叠加来表现云雾之延绵不绝，以及滩涂、河岸之变化多端。在树皮叠加时，作者还根据需要对树皮原有的形状进行了处理，使其拥有了宽窄长短的变化，具有更强的表现力。同时，树皮原有的色彩和纹理都被巧妙地利用起来，以此创构了一幅别有气象的"千里江山图"。

构图形式

从作品整体构图来看，借鉴了宋代《千里江山图》的散点透视法，以长卷的方式加以呈现，用全景的方式展现江山美景。"高远""深远""平远"多种构图方式穿插使用，使画面充满了江山延绵不绝之感。

色彩处理

本件作品巧用树皮本身的咖、赭、橙、绿等木纹色，创作出了有别于青绿风的《千里江山图》，令人眼前一亮。作者还巧用木纹色本身的浓淡变化，表现出了山峦之间的前后、远近等关系，其色调丰富，耐人寻味。

细节刻画

作者巧用树皮的色彩、纹理和形状，刻画出了层峦叠嶂的特点，在整体向上的趋同性中又不失山形轮廓造型以及叠加层次的丰富变化之美，让作品更加耐看。

创意亮点

作者用普通的树皮叠加变化创作出一幅《江山如画》，用原生态的材料表现因生态保护而无限美好的祖国秀丽江山，生动讴歌了"绿水青山就是金山银山"的生态发展新理念。

制作步骤

步骤一：用各种形状的梧桐树皮竖着拼摆出自己心中的山。

步骤二：再用形状各异的梧桐树皮横着叠加出云、滩涂等景致。

步骤三：调整树皮的位置，使之有高低错落、大小疏密等变化，完成作品。

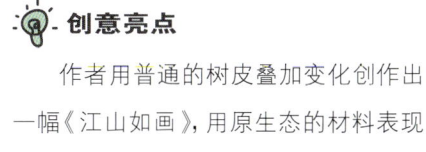

作品：江山如画
作者：潘士安
指导教师：陈见见
点评教师：曹建林

第45例
红船·乘风破浪

📖 题材构思

"秀水泱泱，红船依旧。时代变迁，精神永恒。"红船精神是我们启航新时代的强大精神动力。这件作品创作的题材来源于"红船精神启航新时代"这一个新颖的创作点。作者在欣赏油画《启航——中共一大会议》之后，结合新时代红船精神的新内涵展开创作，利用生活中常见的木夹子，通过不同的组合方式，配以大面积的红色，塑造出一艘在新时代里乘风破浪的红船，表达了对中国共产党的无限热爱和对伟大中国梦的无限向往。

技法特色

作品是用旧夹子、旧木块、硬纸板等生活中常见的材料制作而成的立体造型。旧夹子的使用凸显了船的质感。作品中夹子的组合方式富有变化：有的是整个粘贴，有的是半个粘贴；有的横着粘贴，有的竖着粘贴，还有的斜着粘贴。正是通过这些变化，塑造了昂扬向上、向前的船体轮廓，凸显了"乘风破浪"的新时代红船精神。船上、岸边人物的疏密错落安排，采用剪影立构的方式而成，展现了党与人民心连心，开创共同富裕新篇章的生动瞬间。船与人、立体和平面变化互构，增强了该立体造型的视觉新意。

色彩处理

红色的船身温暖鲜亮，象征着永葆青春活力、走在时代前列的红船精神。深色的湖面、咖黄的河岸，给人一种稳重有力的视觉感，昭示着新时代红船启航，必将行稳致远。红与黑的色彩对比，是对中国彩陶用色的巧妙借鉴和运用。

▶
作品：红船·乘风破浪
作者：胡钰炘
指导教师：黄宇浩
点评教师：张敏玉

中小学生美术创作与指导100例 **立体造型**

构图形式

从整体看,作品以一个竖笔画、一个横笔画的巧妙对接,形成了"⊥"形坐标式构图,象征着中国特色社会主义已经进入"新时代"这一新的历史坐标。将微微倾斜的桅杆,与上扬的船身呈90度角加以造型,凸显了新时代中国共产党"乘风破浪",行稳致远,带领人民谋幸福、谋复兴的昂扬姿态。

"⊥"形坐标式构图

小知识 南湖红船

1921年7月,中共"一大"在上海秘密召开,7月30日晚,因突遭法租界巡捕搜查,被迫休会。之后,中国共产党"一大"代表在李达夫人王会悟的建议下,从上海乘火车转移到嘉兴,在南湖的一艘画舫上完成了大会议程,宣告了中国共产党的诞生。为纪念中共"一大"在南湖游船上胜利闭幕这一历史事件,这条"一大"纪念船被称为"南湖红船"。

南湖红船

中小学生美术创作与指导100例 立体造型

细节刻画

作品以大夹子、小夹子的交叠创作而成。若干大夹子与众多小夹子疏密交错,象征着中国共产党与人民手拉手、心连心启航新时代。作品中,大小夹子的有序组合和丰富细节,既凸显了主题,更增强了视觉的美感。

不同视点拍摄的观察角度

创意亮点

作者以"变废为美"的生态美术创作理念,巧妙利用旧夹子、旧木块、硬板纸等生活中常见的材料制作成立体造型,赋予其思想和情感,生动彰显了积极向上、追梦未来的红色正能量。

第46例 舞动青春·活力

题材构思

这件作品创作的灵感来源于《采茶舞曲》这一舞蹈节目，巧妙利用自然界中不同色彩与质感的植物叶子来创作富有动感的舞蹈姿态，传递了生态环保的新理念。

中小学生美术创作与指导100例 **立体造型**

技法特色

作品是由棕叶、玉米苞叶、笋叶、铅丝等材料制作而成的立体造型。先用细铅丝塑造出人物不同的舞蹈动态，人物之间左顾右盼，形成了一个整体。再运用卷、叠、撕等方法，用叶子制作出不同的舞蹈服饰：有以线条组成的裙子，展现出一种轻盈飘逸感，也有以片块组成的裙子，彰显一种端庄之美；有缠绕型卷法，也有轻轻一卷就定型的卷法，展现出一种清新简约之美。

色彩处理

作品整体以米白、雅绿两色加以表现，这白与绿源自江南水乡的大米、箬叶，两色巧妙并置，自然天成，清新高雅，给人一种超凡脱俗之感。作品聚焦主题"舞动青春·活力"，较好地表达了对世界和平发展中青年力量的由衷赞美，表现了对经济增长与环境保护共同发展的期许。雅绿、米白创构的色调更是特别契合烟雨杭州之风韵，较好地展现了水天一色的柔和美。作品中，白与绿的分布在每一位人物身上都不尽相同，其间还点缀了褐色的笋叶，和蒲团的棕咖色有较好的呼应，让作品的色彩更显协调。

细节刻画

作品利用蒲团本身的色调、肌理，营造了富有质感的舞台。人物服饰利用棕叶、玉米苞叶、笋叶等植物叶本身的肌理表现布的质感，实乃妙趣天成。叠、卷等手法的使用，让作品在简约的刻画之间，尽显干净利落之美。

作品：舞动青春·活力
作者：叶清扬
指导教师：黄聪丽
点评教师：张敏玉

构图形式

这是圆形舞台上的一个环形舞蹈造型，从作品的整体来看，多环圆形的蒲团以及舞者舞步、手势、头颈肩的高低起伏的圆形律动线层层叠加起伏，奇妙呈现了一个舞动的圆柱构图造型。观者的眼光顺着这条圆形的律动曲线慢慢地上下移动，将获得一种青春的力量和活力带来的视觉震撼。

构图示意

蒲草肌理　　玉米叶肌理

棕叶肌理　　笋叶肌理

创意亮点

生活中普普通通常见的草叶，也能生动有趣地展现青春舞姿的美，作品体现了"让创意点亮我们的生活"的新观念。

第47例
青春舞曲

📖 **题材构思**

　　这件作品的创作灵感来自一场青春音乐会。在钢琴、排箫、箫、大提琴的伴奏之下，一位舞者翩翩起舞。小作者巧妙利用玉米皮、玉米须等自然材料，来表现充满青春气息的音乐会的高雅和唯美，表达自己对艺术的喜爱之情。

技法特色

作品是由玉米皮、玉米须、玉米杆、铅丝等材料制作而成的立体造型。米色的玉米皮、玉米须等的使用,让整件作品看上去清新淡雅,又很环保。玉米皮编织的作品底盘很有意思,就像一个旋转的圆形舞台,让人感受到青春舞动的活力和朝气。为了让玉米皮、玉米须等更富有表现力,小作者采用了包、剪、卷等多样的制作方法:人物的头部先用铅丝、棉花塑形,再用玉米皮进行包裹,突出头部的圆润感;演奏钢琴和大提琴的男生,其服饰采用卷、折的方法进行制作,看上去真实且富有飘逸感;女孩们的上半身服饰显得短小,和裙子的宽大产生了强烈的对比。多样技法的灵活使用,增强了作品的视觉变化美。

色彩处理

作品没有特别鲜艳的颜色,整体呈现一种淡淡的米白色,烘托出"青春舞曲"圣洁、高雅的格调。这种米白色借助光的照射,又有诸多丰富的深浅变化,为我们带来视觉上的享受。画面中,天蓝色的背景、米白的舞台、青春舞者以及浅灰的平台,形成鲜明且和谐的对比。另外,琴键的黑色虽仅占画面的少部分,但在这里显得特别有意思,较好地增强了作品的稳重感。

构图形式

从作品的整体来看,中间舞蹈的女孩是视觉的中心,后面的四位演奏者,整体呈现一条圆弧线,如众星拱月般围在女孩身边,进一步强化了女孩在作品中的主体地位。

构图示意

细节刻画

作品巧用叶子上自然的线条纹理,塑造出了衣裙的纹样。在钢琴的塑造上,还根据需要进行了横竖叶纹的搭配。蓬松的卷法和竖直的叶纹之间产生了曲直的对比,让作品看上去整体统一又富有变化。

创意亮点

作者巧妙利用自然物的色泽、肌理以及可塑造性等特点,根据"青春舞曲"的主题,在奇思妙想中找到了立体造型的新思路,瞬间变废为美,实现了美术创作的个性化。

作品:青春舞曲
作者:陈星凝
指导教师:陈 蕴
点评教师:张敏玉

局部一	局部二
局部三	局部四
局部五	局部六

第 48 例
盎然生机

📖 题材构思

该作品创作的灵感来源于田野里的三头牛和一只鸟，作品让人不由想起了传统意义上的春耕大地，也较好地表现了春回大地的无限生机。同时，作品采用木块、螺丝和铅丝等进行立体造型，又让人想起人工智能时代的新农耕，令人对青山绿水中人与自然和谐之美，充满向往与遐思。

🗾 技法特色

作品是由木块、铁耙、螺丝、铅丝、铲刀、钢管等材料组合制作而成的立体造型。作品巧妙利用用锯子切割而成的不同造型的木块，将其变成了牛头、牛身和山坡，并将直直的、长长的钢管，通过插接等办法变成了牛的四肢，将容易弯折塑形的铅丝变成了牛角，甚至还直接将铁耙变成了牛角。自由联想加合理组接，简约的制作成就了无限神奇的创意造型，这令人不由想起毕加索的《牛头》与杜尚的《自行车轮》。

构图形式

作品中三头牛所站的位置有高有低，形成了一条山形的构图线，令整件作品有了高低起伏的动感。

色彩处理

整件作品以天然古朴的木纹色为主，同时点缀了钢管、铅丝等五金材料所具有的带光泽感的铅色，与深黑色的背景形成鲜明对比，在统一协调中极具现代艺术的光影效果和色泽美。蓝色的衬布进一步增加了画面的活跃感，烘托了春的盎然生机，突出了作品的主题。

作品：盎然生机　作者：周玲瑶　指导教师：陈英俊　点评教师：曹建林

名家客座

毕加索《牛头》

《牛头》，毕加索的著名雕塑作品。1941年前后，多才多艺的毕加索产生了新的灵感，他常常受到有幸被他捡起的骨头或石块的启发做些小型的雕塑。在所有这些新成就中，以无比简洁而闻名的作品是一个逼真的牛头，它其实是由一个废弃的自行车鞍座和把手放在一起做成的。

杜尚《自行车轮》

《自行车轮》是杜尚在一个板凳上固定了一个车轮，利用光影投射效果，使其成为两个车轮，而因此显示出独特的几何图象的艺术品。

牛头（雕塑）1942　毕加索［西班牙］

自行车轮（装置艺术）1931　杜尚［美国］

细节刻画

作品中，这只巧妙选材胶接而成的小鸟非常吸睛，尖尖的小嘴，明亮的眼睛，使其造型变得调皮可爱，让略显笨重的牛也瞬间变得轻巧起来，静穆的画面也因此变得机灵生动。

创意亮点

创意赋予普通材料以鲜活的生命，创意让生活充满了喜悦。

局部

第 49 例
阳光下成长的少年

题材构思

作品表现的是一群少年正在草坪上拔河的情景，创作的灵感来源于成长过程中的童年趣事。作者巧妙地利用一些废旧物品，制作成热爱运动、体格强健的少年，作品充满了童趣和美感。

技法特色

作品中的人物是由木头、钢丝球、螺丝杆、螺帽等组成的,十六个大小不等的圆柱木块构成了一个个圆圆的身形,非常可爱。背景是用蒲扇装饰成的树和用染色的细沙铺成的绿色的草地,巧妙地创设了场景。中间一群正在拔河的人物是整个画面的主体,细看人物姿态,拔河的人里,中间的蹲着,后面的仰着,旁边的观众正在为他们鼓劲加油,统一中有变化。作者巧妙还原了拔河的场景,流露出作者对童年成长趣事的眷恋之情。

制作步骤

步骤一:在大小长短不同的木柱上装饰头发、四肢,注意造型的变化。

步骤二:对人物进行排列,创设拔河的场景。

步骤三:添加草地、树等背景,呈现完整的画面,完成作品。

构图形式

从作品整体看,其主要采用"凹"字形构图,拔河的人物用线贯穿,由点成线,形成了视觉中心,是场景的主体。背景的树以两个、三个不同组合的大块面进行呈现,有高有低、有疏有密,衬托出前面的点状人物,带给欣赏者一种起伏变化的节奏美感。

色彩处理

原木的色调充满着自然的气息,淡绿色的草坪创设出少年们在春天里进行拔河比赛的情境,中间的红色小点成了整幅作品最炫亮之处。整体色调和谐又不失灵动活泼。

细节刻画

作品中组成人物身体的木块形状各异,用螺丝杆和螺帽衔接装饰的手臂动作富有变化,生动有趣。

作品:阳光下成长的少年　作者:刁沈宁　指导教师:周莹　点评教师:杨月萍

创意亮点

作品巧妙地利用生活中的废旧材料进行造型,整体场景感强,童趣足。

局部一	局部二
局部三	局部四	局部五

第 50 例

家

📖 题材构思

作品是表现江南水乡的建筑的立体造型作品，创作的灵感来源于江南水乡典型的白墙黑瓦和错落有致的特色建筑，通过富有层次感的建筑，反映如诗如画的江南水乡新面貌。

技法特色

作品的主要材料是纸塑，主要采用折、剪、粘等技法对其进行加工，使得作品造型简约，清新独特。白色的墙体形状各异，加上黑色的屋顶和窗，作品整体简约大方，古朴中有现代的感觉，体现了作者独具匠心的设计。更具特色的是作者把整个建筑进行架空设计，高低落差的空间感让人遐想联翩。作品展现了江南水乡灵动、简约之美，表达了作者对家乡的热爱。

构图形式

从整体来看，作品采用"丁"字形进行构图，上部的房屋组合高低起伏，总体是中间高两边低，错落有致的排列，使视觉聚焦在中间密集处，突出了主体。下部的柱子和倒影部分，像中国古建筑里的斗拱，增强了作品的文化内涵。另外，置于房屋上的黑色的线条、黑色的点，制造出起伏的动感，犹如谱写了一首江南的乐曲，让人不由得细细品味它。

色彩处理

房子的白墙与黑瓦相映成趣，色调素雅明净。同时，水灰色背景里，隐约的粉紫倒影，构成了水天一色、如诗如画的江南水乡之美。

细节刻画

作品中房子的造型统一又有变化，简约而又时尚，屋檐的设计、窗户的排列疏密有致，突出了水乡建筑的韵律美。

▶

作品：家
作者：李孟涵
指导教师：胡鸿燕
点评教师：杨月萍

制作步骤

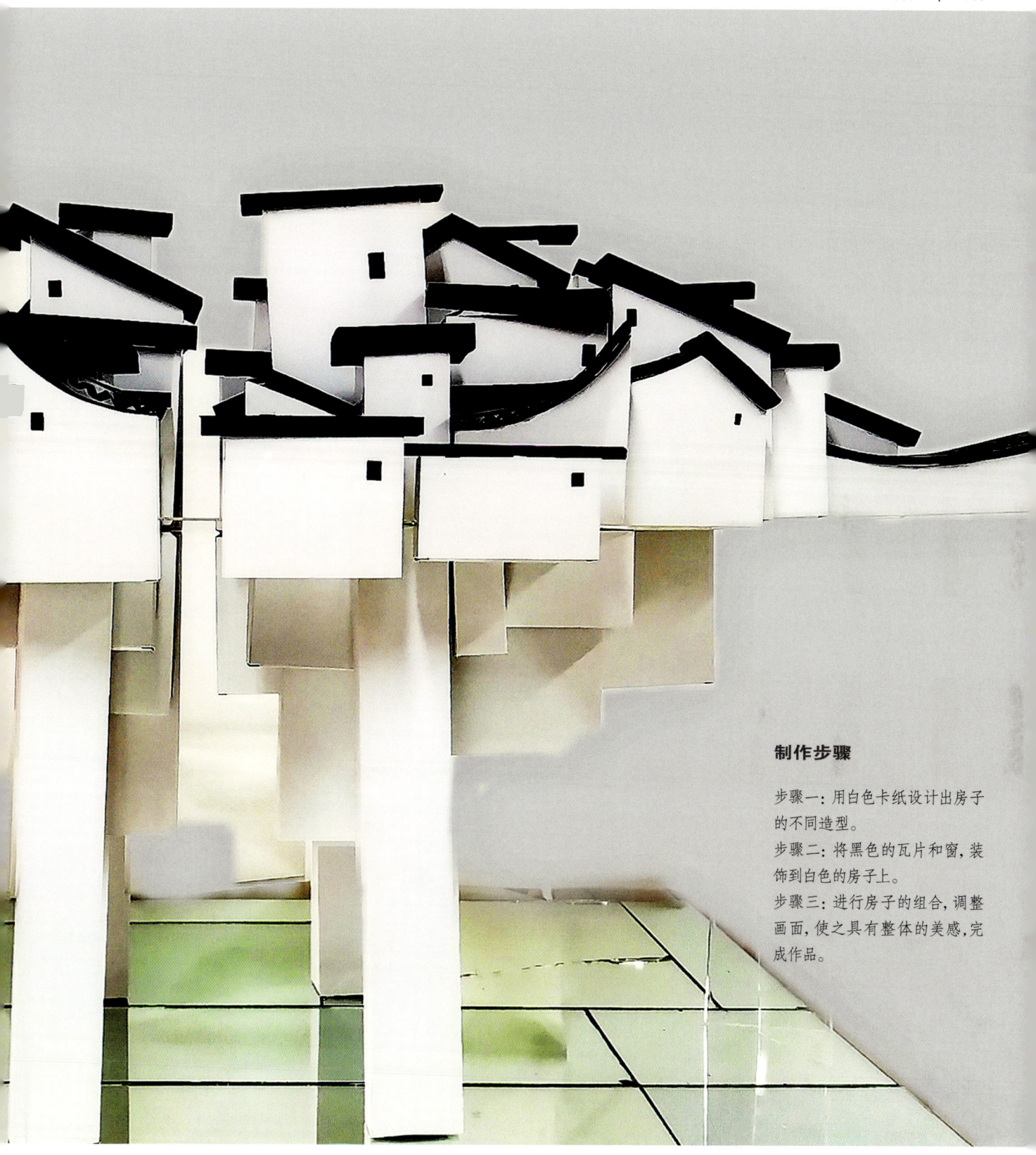

步骤一：用白色卡纸设计出房子的不同造型。

步骤二：将黑色的瓦片和窗，装饰到白色的房子上。

步骤三：进行房子的组合，调整画面，使之具有整体的美感，完成作品。

创意亮点

整个建筑物的架空设计，充满了现代装置的视觉感，令人产生诸多美的联想。

第51例
小鸟的家

题材构思

这件作品的创作思路来源于对绿色环保理念的展现，利用废旧纸盒、纸板、彩色纸、炫彩镭射即时贴等材料营构鸟巢，在千树万树之间，小鸟

的"家"有很多很多。无论从主题还是从用材上,作品均较好地传达出绿色可持续发展的环保理念。

技法特色

作品是由废旧纸盒、纸板、彩色纸、炫彩镭射即时贴等材料制作并组合排列而成的立体装置造型。纸盒的叠加使用,增强了作品的空间感。在硬纸板上采用镂空雕刻的方法制作造型多样的树,增强了作品的艺术感。炫彩斑斓的镭射即时贴恰到好处地点缀了树干和树枝,漂亮的点状花纹和线条装饰,使每一棵树充满魅力,构建了美好温馨的小鸟之家。

构图形式

从整体来看,作品以阶梯式的梯形构图呈现,既简约又宏大。纸盒的长方体造型使作品整体呈现出简约的特点,以一个长方体盒子加其中的一棵树为基本单位,将立体的树、立体的巢构成的团块不断重复、组合,形成40个模块向上叠加的宏大装置,整个作品稳重又不失生动。

色彩处理

整件作品的色彩特点是炫亮,咖啡色纸盒和土黄色树型配色协调,在此基础上,又借助镭射即时贴的炫彩特点,剪贴出彩色的点和线装饰在各个树干与树枝上,使得所有的树呈现出千姿百态的视觉效果。又用大量的彩色纸碎片表现大地,地面的色彩斑斓与树的厚重深邃相互呼应,形成对比互衬的色调美。

细节刻画

每一棵树的造型、色彩和装饰都不同,每一棵树都是独一无二的,这展现了小作者丰富的想象力和创造力。

创意亮点

整个作品构思巧妙,将各种立体造型的树进行重复叠加,构建出大气的现代装置艺术,呈现出时尚感。寓意深刻的环保理念引人深思。

作品:小鸟的家
作者:罗健豪
指导教师:闻留写
点评教师:厉坚芳

第 52 例
江南·巢

📖 题材构思
作品将树上的鸟巢和江南水乡民居这两个看似没有关系的事物巧妙地融合在一起。此"巢"和彼"巢"是动物和人类生活的家园,充满着温暖的感觉。

🎨 色彩处理
作品整体色调为黑白两色,形成强烈的视觉对比。尤其是作品中托底的枯木、穿插的树枝

也都粉刷了白漆，使作品整体显得更加和谐、生动，黑白的色调衬托出江南水乡的静谧与和谐。

技法特色

作品是由黑白瓦楞纸、枯树枝等材料制作而成的立体造型，运用黑色瓦楞纸作房顶与门窗、白色瓦楞纸作墙面，体现出浓郁的江南水乡风格。大小不一的房屋或高低错落，或前后遮挡，形成了强烈的空间立体感。左边低矮疏散的房屋与右边密不透风的房屋产生了强烈的疏密对比，一种视觉上的节奏美感油然而生。作品仿佛向人们传达着"无论何时何地，家始终静静地守候着每个人"这一信息。

构图形式

从作品的整体来看，右边的房屋层层叠叠，营造出热闹的氛围，而左侧的房屋稀少冷清，左右两侧形成了强烈的疏密对比，并在视觉上营造出一种由低到高的上扬感，使得整个作品显现出一种抑扬顿挫的节奏美。

制作步骤

步骤一：用黑色瓦楞纸作房顶，用白色瓦楞纸做出四周的墙面，再用黑色瓦楞纸添加门窗。

步骤二：将大大小小的民居以高低、前后的叠加方式进行组合，放置于枯木之上。

步骤三：适当放置小树枝进行背景装饰，完成作品。

构图示意

细节刻画

房屋后面的细枝灵动活泼，让略显笨重的树干和房屋瞬时充满了生气。

创意亮点

当独特的外在造型和深刻的内在表达巧妙地融合在一起后，能产生动人心魄的强大力量。

作品：江南·巢
作者：王　怡
指导教师：游婷婷
点评教师：陈馨予

第 53 例
欢乐人生

📖 **题材构思**

本作品的灵感来自稻田里农人为守护田地，以防鸟雀糟蹋庄稼而立于田边的稻草人。作品以不同着装、不同舞姿的时尚女子为造型，她们或跳或唱，或聚或散，错落有致，顾盼生姿，似乎是一群行进在欢乐人生路上的追梦者。其姿态相似又各不相同，虽然是稻草人，却体现出很强的艺术美感。

技法特色

作者将稻草、木棍、环保铁丝、碎布等材料,用捆、扎、绕、结等手法,制作成手工稻草人。用小木棍和稻绳缠绕的方式制作人物身体的基本框架,以稻草片拼接的方式制作裙摆等块面元素部分,以碎布料点缀的方式制作点状元素部分。在人物身体的个体处理上,时而镂空半身,时而线面组合,形成疏密有致的视觉效果,好似一首欢乐的乐曲一般,节奏感十足,营造出欢乐的生活氛围。

构图形式

从作品的整体来看,略加起伏的"一"字形排列,让稻草人犹如舞台上光彩亮丽的模特儿,正缓缓向我们走来。各个人物的头、肩、臂高低错落,眼神与动作互相呼应,形成一个整体。

制作步骤

步骤一:首先用木棍搭建出人物造型的骨架并加以固定。
步骤二:头部饰以稻草。
步骤三:用缠绕的方法将稻绳捆绑于稻草人身体的各个部位。
步骤四:用稻草片、稻草麻绳等材料装扮稻草人的局部。
步骤五:用废旧布料等进行头饰、服装的装饰,并加以适当修整,完成作品。

色彩处理

稻草经过晾晒,形成深深浅浅的金黄色,统一又富有变化。用碎布进行五彩的点缀,与稻草本身的色彩形成强烈的对比,整件作品充满童趣的同时又有较强的时尚感。

细节刻画

作品中每个稻草人的头饰、服饰各不相同,造型各异,个性得到了充分凸显。

局部一	局部二	局部三	局部四
		局部五	局部六

作品:欢乐人生
作者:徐雨佳
指导教师:汤小燕
点评教师:陈馨予

创意亮点

利用传统稻草人的制作方式进行现代装置塑形的创意表现非常独特。在变废为美的同时,生动传递了"绿色生态"的环保美术新理念。

第 54 例
森林里的木精灵

📖 题材构思

这组作品创作的灵感来自西班牙奇形怪物专业户让·卡洛斯·帕斯（Juan Carlos Paz）的插画小精灵。作者对小精灵进行二度艺术创作，使其更加饱满，更加真实化。作者创作的木精灵造型富有趣味性，十分招人喜爱。

技法特色

作品是由树皮、树枝、超轻黏土、卡纸等材料制作而成的立体造型。树干截面、树枝的使用让作品充满森林的味道。用超轻黏土塑形，用木片或硬卡纸做毛发，一个个古灵精怪、色彩斑斓的木精灵，机灵地从树洞中探出半个身子，伸着懒腰，饶有趣味地看着人世间的你我他。夸张的五官、用树枝制作的夸张的犄角，让憨态可掬的木精灵充满奇幻的色彩。

构图形式

从作品的整体造型来看，其既可采用多个竖立长方形并置的方式展示，又可以用高低错落的展示架展示。具体看每一件作品，木片底座是块面，表现体积感；树枝是线条，表现动感和活力；木精灵的毛发重重叠叠是点状，表现节奏感和集中感。点、线、面的结合，使整个作品有疏有密，错落有致，体现出视觉上的美感。

色彩处理

木精灵的毛发使用了玫红、青绿、柠檬黄等高纯度鲜亮的颜色，头部五官局部色彩对比强烈，和树洞、头上的犄角形成鲜明的色彩对比，从色彩基调上都能感受到木精灵的活泼好动，机灵有趣。

制作步骤

步骤一：用原木片作底座，用超轻黏土制作出木精灵半个身子的基本造型，插上树枝作犄角。

步骤二：用木片或硬卡纸，层层叠叠地粘贴在木精灵的身体和头上，做成毛发。

步骤三：用超轻黏土和卡纸做出概括而夸张的五官，完成作品。

中小学生美术创作与指导100例 **立体造型**

116 ⋮ 117

🎨 细节刻画

　　层层粘合的毛发制作得非常精致，配上夸张的五官、靓丽的色彩，可爱的森林木精灵活灵活现。

局部一
———
局部二

💡 创意亮点

　　作者从大自然中就地取材，结合影片中的动漫形象，利用自然材料进行创作，践行了创新的环保造型理念。

作品：森林里的木精灵
作者：盛小诗
指导教师：李易鸿　杨金紫豪
点评教师：王言芳

第55例 阳光下的西湖

题材构思

这件作品创作的灵感来源于阳光下杭州西湖边真实而美好的生活景象。通过从大自然中获取的原生态材料，活灵活现地创作出大自然中人、动物、植物和谐共生的画面，展现出绿色和谐的自然生态之美。

技法特色

该作品是一件由树干、树枝、木片、松果、藤条等自然材料粘贴组合而成的,富有生活气息的情境性作品。树干的粗细高低变化增强了整件作品的力量感。树枝的旁逸斜出和前后交织,丰富了作品的趣味性。木片大小不一,或重叠组合,或巧妙倾斜,使整件作品充满动感变化。拟人造型的松果,巧妙地讲述了人和动物的故事,使作品生机勃勃。

构图形式

从整体来看,作品中较多椭圆形构图元素,两边的树干和树枝高耸,增强了画面的张力,将中间的木片、松果等造型很好地囊括其中,使观者的目光自然而然集中在作品中心的趣味故事场景里,细细品味人和动物、植物之间的有趣故事,进而联想到美好生活。

色彩处理

作品的色彩以自然材料的本色为主,具有清新自然之感。树干和树枝呈现灰褐色,表皮的丰富纹理使灰褐色变得有层次感和变化感。木片和藤条呈现出淡黄色,和灰褐色形成对比,使作品具有和谐舒适的视觉效果。

细节刻画

作者对西湖边的小亭子、树枝间的鸟窝等景物进行趣味化的刻画,使其充满情境性,令人浮想联翩。

局部一 局部二

作品:阳光下的西湖 作者:周炫含 指导教师:周莹 点评教师:厉坚芳

创意亮点

用大自然中的材料进行创作,寓意自然之味,饱含自然之心,同时也使整件作品传达出大自然生生不息的精神内涵。

第 56 例
风雨同舟

📖 题材构思

这件作品的创作灵感来自疫情之下，全世界各国人民的"风雨同舟"！龙、鹤、鹿、松鼠、羊、猪等飞禽走兽的世界是人类命运共同体的隐喻，不同种族、不同物种风雨同舟，相互帮助，共同抵御疫情。

🍃 技法特色

这是一组以棕编为主的立体造型，除了三只竹筒鹤以外，均是以棕榈树叶为原料编制的工艺品。棕编是中国编织工艺的主要品类之一，是汉族传统艺术的一朵奇葩，已有近千年历史。几片棕榈叶、一把剪刀、一根细针，撕、拉、绕、穿、刺之间，就能编织出别致的龙、仙鹤等造型。不同编织方法形成不同的纹理，编织出的作品细致精巧，有疏有密，极具变化之美。该作品采用钢丝骨架定型，动物们静中有动，惟妙惟肖，栩栩如生。

构图形式

整组作品由高、低两部分构成，一大一小在画面中形成主副之别。高的部分动物间距均等，布局匀称，氛围祥和；低的部分动物数量成倍增加，但多而不乱。以龙为视觉焦点，整组作品疏密有致，高低错落，表现出了强烈的节奏感，体现了齐心协力、患难与共的士气与决心。

色彩处理

作品以棕榈叶本身的色彩为主色调，搭配背景的同类暖色调，既显得自然朴实，又贴合主题"风雨同舟"的隐喻。温润的、只有黑色光泽的眼睛，让每一只动物充满灵性。

制作步骤

步骤一：先用钢丝制作出动物的内部骨架。竹筒仙鹤则巧妙利用竹筒与竹枝的独特形状作身体。

步骤二：用棕编的不同编法，编出动物的外部造型。竹筒仙鹤的优美脖子，是用火将竹枝烧弯曲制作而成的。

步骤三：粘贴上眼睛，让动物更生动传神。将仙鹤固定在底座上，完成作品。

细节刻画

每只动物的姿态、神情都刻画得各不相同，富有变化，增添了作品的耐看性和美感。

创意亮点

用大自然中的植物做成的小动物是最有灵性的。细细品味这组作品，可以看到传统手工艺里藏着生活的真、匠人的魂和文化的根。

作品：风雨同舟
作者：李可莹
指导教师：张 媛
点评教师：王言芳

第 57 例
"三牛"鼎盛华夏

📖 题材构思

这件作品创作的灵感源自"三牛精神",习近平主席多次提出要"发扬为民服务孺子牛、创新发展拓荒牛、艰苦奋斗老黄牛"的精神,号召全党全国各族人民"不用扬鞭自奋蹄",在建设现代化国家新征程上奋勇前进!在中华文化里,牛是勤劳、奉献、奋进、力量的象征。"三牛"并列站在高高的三角斜坡上,摆出奋力向上、向前的姿态,展现出永不服输、锐意进取、开拓前行的气势。

技法特色

作品前期由常见的铁丝制作骨架，后期用不锈钢片覆盖拼贴，并结合热熔胶塑形，塑造出了三头砥砺前行的牛的形像。不锈钢片如镜面般反光，在光的照射下熠熠生辉。三头牛有高有低、有大有小、有方有圆……形态丰富，特征鲜明，错落有致。

构图形式

从作品的整体来看，三头牛分别头朝上、朝前、朝下，动态各异，高低错落，富有韵律感。同时，底下三角状的金属基座的造型和牛的姿态形成了一股向上的趋势，极具力量感，使整个作品呈现出视觉上的张力。

色彩处理

利用不锈钢金属自带的银色，与背景的黑色形成强烈的冲击，在光线的作用下，三头牛的色彩呈现丰富多变的金属银色，整体节奏多样统一。

细节刻画

作品中对不锈钢金属质地的应用很好地体现了牛的力量感。牛的造型各元素错落有致、虚实有度，增添了作品的耐看性和美感。每一头牛五官的制作手法精湛，垫片、螺帽、不锈钢片都根据实物特征合理取材。三头牛的眼睛运用了不同方法塑造，一头是圆圆的形状，一头用立方体粘贴造型，还有一头眼珠凹进更强调神态，眉宇之间各有特点，让人细品之后赞叹不已，过目不忘。

不同角度的造型效果

局部一	局部二
局部三	

作品："三牛"鼎盛华夏
作者：郑潘屿
指导教师：胡杨燕
点评教师：章淑琦

创意亮点

这件作品使用五金材料创作，材料易得。把老牛坚韧的精神和不锈钢坚硬的质地融为一体，特殊的材质赋予了作品独特的美感。

第58例 奔马图

📖 题材构思

本作品构思源于画家徐悲鸿的《奔马图》。本作品采用富有现代气息的艺术品类——钉子画的形式，利用钉子立体的特性，通过钉子排列疏密的不同、棉线绕线方式的不同，再配合周围的光线差异，表现出国画审美中墨色的浓淡枯湿以及层次感。作品用新颖的形式诠释徐悲鸿先生笔下之马，既有现实主义的格调，又不失传统中国画的笔墨气韵。

🌱 技法特色

使用木板、大头钉、榔头、黑棉线等工具和材料，通过固定设计稿、打钉子、调整疏密、绕线等步骤，构建出生动传神的立体形象。整体画面像一幅层次分明、墨色丰富的中国画，但又别具一格。

👉 小知识

钉子画

钉子画是线绳艺术的通俗名称，是一种简单而有趣的绕线艺术。它通过钉子和线材的搭配，通过点的排列，组成或简单或复杂的艺术图案。

▶ 作品：奔马图
作者：柴少淇
指导教师：郑哲了
点评教师：孔子源

构图形式

作品采用了西方绘画中体与面、明与暗分块造型的方法，同时用钉子排列的疏密变化模拟传统没骨法，用棉线的缠绕模拟线描技法，纵情挥洒，独具一格。马的头顶、胸部、马蹄、臀部留白，有强烈的明暗效果，强化了作品的动态感。腹部阴影处，显示出墨色较淡所形成的柔软而富有弹性的质感。

制作步骤

步骤一：首先设计好图案形状，之后选择合适厚度的木板，确定后就可以开始打钉子了。使钉子保持在一个高度，如遇钉子倾斜，可调整钉子（一般是边打钉子，边整体观察并调整钉子）。

步骤二：钉子打完后，开始绕线，以轮廓绕线法统一对边缘处进行绕线。大面积区域的绕线，应根据作品内容设计缠绕方式，可以用自由随意的方式进行缠绕，也可以用有规律的方式进行缠绕，直至完成作品的创作。

色彩处理

利用钉子三维立体的特性，通过钉子排列疏密的不同、棉线绕线方式的不同，再配合周围的光线差异，形成视觉上的黑面、白面、灰面，多个色部表现国画审美中墨色的浓淡枯湿以及层次感。

细节刻画

钉子画的细节刻画关键在于对明暗关系的判断和刻画。制作时一般会参照照片画好底稿，哪个部分为暗面，哪个部分为亮面，做到心中有数。亮面的地方，钉子不能太多，暗面的部分，钉子要钉得多且密，或者钉子颜色要更深些。边钉边看画面效果，钉的时候还要微调。光照射在钉子上时会产生影子，钉子画还要考虑映射在画上的光影呈现出来的效果。

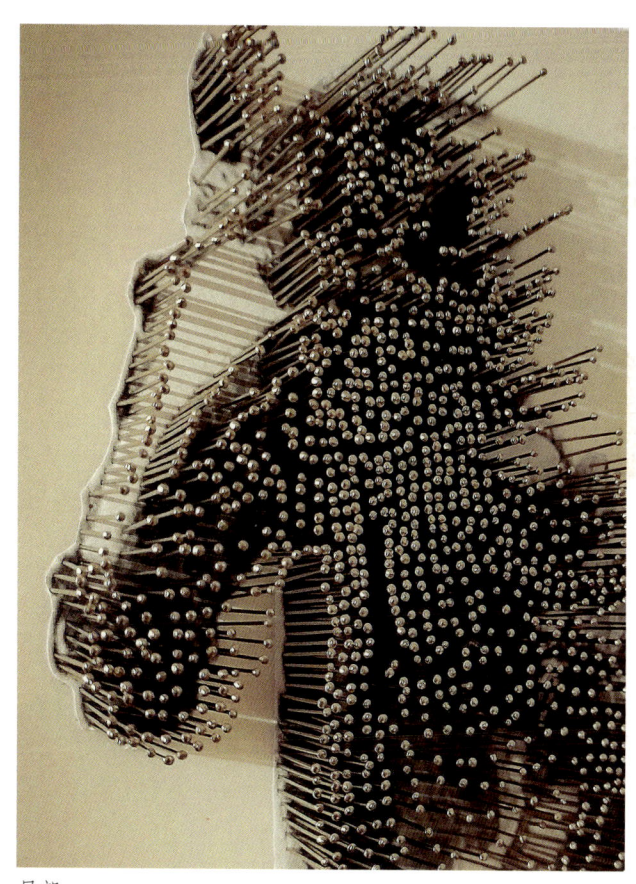

局部

创意亮点

本作品用新颖的钉子画形式诠释了徐悲鸿先生的著名画作，以现代综合材料对中国画作品进行了二次创作。

第 59 例 狮子王

📖 **题材构思**

当狮子遇上金属会发生什么？"叮咚隆咚呛……"这件作品第一时间就传递出喜

庆的舞狮气氛。作品由形状多样的五金零件和铁皮包装盒构建而成，使得敲锣打鼓的金属碰撞声似乎在人们的脑海里响起，再加上以红色为主的色调，增强了喜庆的氛围。

技法特色

作品由铁皮包装盒、镀锌管、垫片、螺帽、钢丝轮等材料制作而成。五金零件表面形状多样，所以作者采用热熔胶来连接各个部件，这样既方便又牢固。

每只狮子看的方向不同，有的狮子相互对视，也有狮子和观者对视。

局部一　局部二

作品：狮子王
作者：鲁　艺
指导教师：王丽君
点评教师：许子安

构图形式

从作品的构图来看，有大狮子、小狮子体形大小的对比；有站立和蹲坐的动作对比；有前后左右位置的对比。狮子和狮子之间亦有互动，这让整个作品更加形象生动。

色彩处理

对于面积最大的狮子的身体，作者选用了红色铁皮包装盒，在黑色背景的衬托下，形成更加鲜明的色相，增强了作品的喜庆氛围。用金色的钢丝轮来做狮子所特有的鬃毛，突出了作品表现对象的独有特征。大量的银色金属零件颜色低调，很好地衬托了红色和金色两个主要颜色，从而使整个作品在色彩上既能表现喜庆氛围，又不会过于杂乱。

细节刻画

作品看似简单，其实粗中有细。在各个身体部位材料的选择上，作者选得很准确，比如钢丝刷做头部的鬃毛很符合狮子鬃毛蓬松茂密的特征，镀锌管大头做脚掌体现出狮子的稳重。

创意亮点

利用五金材料和废旧物品进行创作，材料的形状、颜色、肌理多样。作品呈现出的喜庆感非常强烈。

第60例 摇滚之王

题材构思

爵士鼓是摇滚乐的核心乐器之一，它在整个乐队中最主要的任务就是为乐队作整体的统领和指挥，控制整个乐队的音乐节奏。此作品以"摇滚之王"命名，向人们表达了爵士鼓在摇滚乐中的重要地位。

此作品表现学生正在演奏爵士鼓的场景，小演奏家从小接受音乐方面的教育，在学习乐器的过程中提高了自己的艺术素养。

技法特色

作品以易拉罐、线圈、螺丝、螺帽、垫片、铁盘等可回收利用的材料进行创作。首先根据形状进行想象并完成鼓的制作：整个粗短圆柱体的牛奶易拉罐像侧通鼓；半个粗短圆柱体的牛奶易拉罐像军鼓；细长圆柱体的核桃乳易拉罐像通鼓；扁圆的易拉罐像脚鼓。利用易拉罐的形状切割制作出不同大小、不同功能的鼓。再通过热熔胶粘接的方法，用螺帽、螺丝和直径不同的垫片制作出吊镲（强音镲）、节奏镲和踩镲。最后用铁丝、热熔胶把鼓和镲组合成一个整体。

圆形底盘材质是铁盘、塑料等，敲鼓的小人用垫片、螺丝、螺帽组合而成，再在外部缠上黄色的铜丝，对比强烈。

构图形式

作品以人为中心，不同类型的鼓摆放成半圆形围绕着人。鼓按照大小和类型，选取相似的材料制作而成，并巧妙地组合在一起。底部托盘为圆形，整体和谐统一。

作品：摇滚之王
作者：徐子川
指导教师：黄莉芳
点评教师：沈 湛

中小学生美术创作与指导100例 **立体造型**

色彩处理

作品以蓝灰色冷色调为主，易拉罐的红色与之有色相上的对比，还有金色、银色等金属色，再加上灯光的运用，使明暗有更强烈的对比，使作品产生一种舞台效果。

细节刻画

底盘用灯串装饰，强调了摇滚乐的氛围感，使整个作品柔和生动起来，不过于冰冷和机械。人物形态生动，击鼓的手有高低不同，可以看出作者在细节上的追求。人物身上缠绕的铜线圈增加了人物的质感。

创意亮点

这件作品巧妙地利用不同的易拉罐的外形对应不同的鼓来造型。金属丝和垫片的运用巧妙，与镲的外形和质感相对应。

第 61 例
大艺术家

📖 题材构思

　　这件作品塑造了一支中西融合的乐队。乐队由吉他手、大提琴手、萨克斯手、鼓手、钢琴手、唢呐吹奏手组成,每个人物的演奏动态特征非常明确。这件采用铁丝缠绕手法制作而成的作品,表现了"大艺术家"们对艺术的挚爱之情。

技法特色

　　作品是用常见的铁丝缠绕而成的立体造型。粗铁丝用于表现人物的基本结构,固定人物的动态。细铁丝缠绕在粗铁丝上,运用细铁丝可塑性强的特点,制作出更为精细的细节,包括对关节的加粗处理。细铁丝缠绕的层数不是均等的,而是与人物本身的主次有关联,关节处及脸部的细铁丝缠绕的圈数较多,可以更好地突出主体。

构图形式

从整体来看，作品中人物位置摆放错落有致，富有韵律感。从局部来看，作品分为左右两个部分，左边一组用简洁的线条概括出钢琴优雅的造型，错综缠绕的铁丝人物以简单的钢琴为联系，疏密结合，自成一组，厚重的人物与轻盈的钢琴产生视觉重量上的明显对比。右边一组的人物以架子鼓为联系，位置关系则显得更为紧凑。坐在椅子上低头吟唱的吉他手与大提琴手组成了画面中心，手里的乐器一横一竖形成对比，他们与两侧站立的萨克斯手和唢呐吹奏手，以及后方的钢琴手和鼓手在位置上形成了主次关系。

色彩处理

铁丝原本的银灰色，与作品底部的红色形成鲜明的对比。铁丝缠绕的层数变化也会带来相应的明暗变化。整件作品颜色简约，更加衬托主体的形体轮廓，使主体的外形更清晰，细节更加突出。

细节刻画

作品中对演奏细节的刻画极为精准，如钢琴手低头专注弹奏的模样，鼓手仿佛下一秒就要敲击下去的生动姿态。每位艺术家的演奏动作都非常专业，栩栩如生。对人物身体的几个主要部位也都进行了细节表现，比如人物的膝关节、肘关节都模仿骨骼造型，进行了加粗处理。各类乐器的造型也做得精致到位。吉他和大提琴的弦钮部分是把细铁丝简单地进行弯曲来表现的，给作品增添了耐看性和精致感。

作品：大艺术家
作者：李昶玮
指导教师：李璐瑶
点评教师：陈文昌

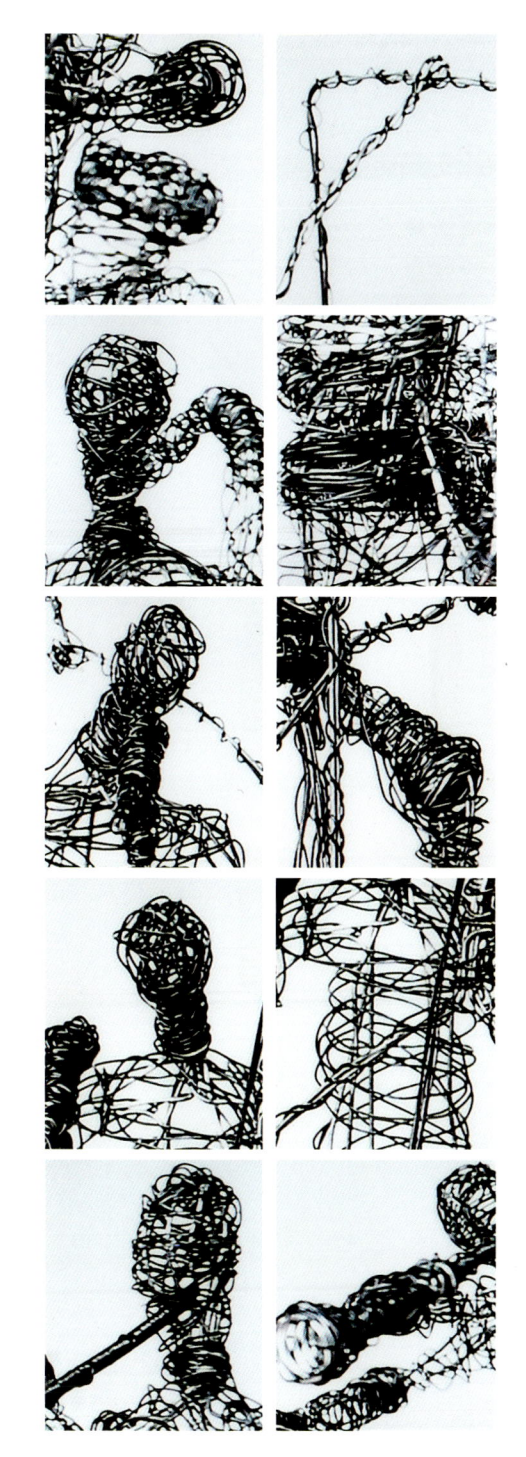

创意亮点

采用铁丝缠绕的手法表现沉浸在表演当中的音乐演奏家们，演奏家的身体、灵魂与乐器如同一圈圈缠绕起来的铁丝一样交织在一起，音灵合一。

局部一	局部二
局部三	局部四
局部五	局部六
局部七	局部八
局部九	局部十

第62例 意象山水

题材构思

"绿水青山就是金山银山",作品的创作灵感源自祖国的山水美景。作品通过对有机玻璃进行喷绘添加肌理,并加以排列组合,最后运用独特的光源对作品进行投射。整体作品就像一幅气势昂扬的山水画,意境深远,歌颂了祖国伟岸雄壮的大好河山。

技法特色

作品是由有机玻璃等半透明材料组成的立体造型，有机玻璃在日常生活中比较常见。作者先将每块有机玻璃裁成形状不一的山体形状，再在表面喷上深浅不一的肌理纹样，然后在准备好的方形玻璃上把它们排列成有高有低、有远有近、有密有疏的群山景象，最后在作品正前下方投射一束光源，使得每座山体的后方都有相应的投影。至此，一幅群山朦胧的景象映入眼帘，展现出作者的巧妙构思。

构图形式

作品呈现山水画的效果。各个山体有高有低、有远有近、有密有疏地排列。小舟的点缀，表现出水面的效果，从而彰显山水画的清新与秀美。简约的构图、大小的匀称分布，使作品整体更具有观赏性。

制作步骤

步骤一：将有机玻璃裁成形状不一的山形，并准备一块方形玻璃。
步骤二：在山形有机玻璃上喷出肌理。
步骤三：将山形玻璃进行排列并黏合在方形玻璃上。
步骤四：在整体作品的正前下方投射一束光，完成作品。

色彩处理

作品整体具有中国山水画黑白灰和谐统一的风格。各个山体有高有低、有远有近、有密有疏地排列，加上正面光源的投射，使得整个作品具有一种明亮又朦胧的中国画写意效果。

细节刻画

群山的组合和光源的投射，产生了别样的效果。山形玻璃经过多次喷绘修饰，肌理纹样丰富多变，有平行、有交叉、有重有轻、有留白，加上光源的投射、小舟的点缀，呈现出意境深远的群山景象，耐人寻味。

创意亮点

选用有机玻璃并进行喷绘处理，加上光源的投射，巧妙地表现出山水画的意境，作品整体有一种怡然自得、意味深长的感觉。

作品：意象山水
作者：葛鈊颖
指导教师：郑佳欣
点评教师：杨德毅

第 63 例 烟 霞

📖 题材构思

中国山水画的意境总是让人着迷,这个有中国山水画意境的作品则让人看到了古风和现代相结合之美。通过现代手段自然地表现山水,是一种意境的表达。小小的行舟与雄奇的山水形成了鲜明的对比,小舟在山间峡谷中穿行,似在探寻着未知的世界。行舟也象征着人类的勇气和冒险精神。作品用物理分层的手法,放大作品景深,观者从不同的角度观察,能看到不同的画面,实现了景随人动、身临其境的效果。

作品:烟 霞
作者:郑宇贝
指导教师:应六如
点评教师:汤章锋

中小学生美术创作与指导100例 **立体造型**

🔺 技法特色

　　作品用透明塑料片和纱网等综合材料来制作。用13层透明塑料片进行叠加，在每一层透明塑料片上用纱网来勾勒山水造型，每一层呈现不同的画面，由近到远布置透明塑料片，通过这种物理方法直接增加了画面景深，搭建出空间感。

　　在远景的背景天空上大面积布置纱网，利用纱网的半透特点，通过改变纱网颜色的深浅，更好地营造了山水画中朦胧的意境，这种朦胧的意境表现出了烟霞的效果，这也是作品名称的由来。

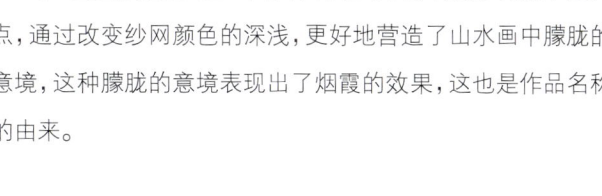

🔺 构图形式

　　作品采用中国山水画"三分法"来构图，近景、中景、远景分明，注重画面的整体平衡，追求画面的和谐统一。

🔺 色彩处理

　　作品运用蓝灰色，并有明度变化，使其显得宁静统一，产生色调和意境。

🔺 细节刻画

　　画面中的船表现精致，小体积与山体形成大小的对比，使山体显得更为宏大，船在画面中的合适位置使构图比较完善。

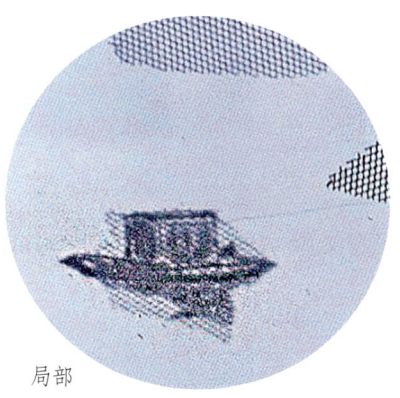

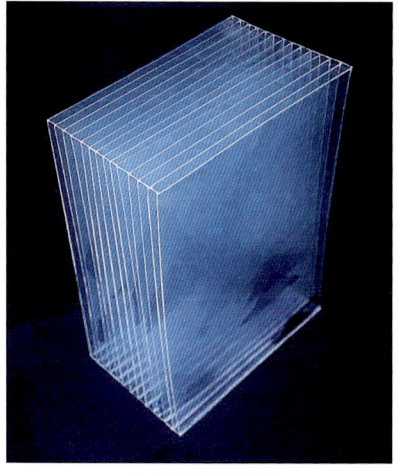

作品侧面展示图

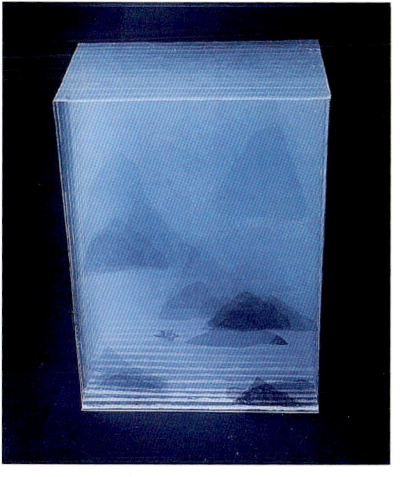

作品正面展示图

局部

作品俯视展示图

💡 创意亮点

　　作者将传统山水画的造型元素，设计成立体造型，使画面能够给人带来更加真实的视觉效果，让人仿佛身临其境，感受到山水的魅力。

第64例

零件是如何变成龙的

📖 **题材构思**

　　龙是中华民族的文化象征之一。这件作品的灵感来源于在中国文化中影响非常广泛的龙文化,龙代表着自尊、自

重、自强不息的精神。作品利用锁头、螺丝、弹簧等五金材料塑造龙头造型，表达了中华民族积极向上、追求真理、勇往直前的精神。

技法特色

作品由常见的锁头、螺丝、弹簧、不锈钢钉、链条、合页等五金零件制作而成，抓住了龙头的基本特征：圆眼、大口、长髯等，用U型弹簧表现龙张开的嘴巴，利用圆圆的大垫片表现龙的大眼睛，金属珠链弯曲拼摆出龙的髯须。金属材料拼摆完成后，再用热熔胶将其粘贴在底板上，形成浮雕般的艺术效果。

构图形式

作品的龙头造型，用五金零件组拼而成。从作品的整体来看，龙的须随着统一方向的拼摆，产生一种相对整体的律动感。同时，长短、粗细不一的螺丝钉与不同形状的合页摆放得时疏时密、富有变化，再穿插点缀金属圆片与螺帽，形成了点、线、面、体的有序结合，使整个作品更有灵动的节奏感。

色彩处理

作品的色彩处理重点是色彩的融合与碰撞，以银色为主，少量穿插金色、铜色等暖色，在灰黑色调的基础上，产生色彩的对比，使整件作品既和谐又有强烈的视觉冲击。

细节刻画

龙的五官的塑造利用了不同形状、质地的金属，铁钉为牙齿，弹簧为嘴巴，金属垫片为眼睛，珠链为髯须。张嘴露齿，怒目圆睁，髯须呈飘带状，塑造出一个神采奕奕、富有活力的龙头形象。

珠链为髯须，呈飘带状

金属垫片为眼睛，怒目圆睁

铁钉为牙齿，弹簧为嘴巴，张嘴露齿

作品：零件是如何变成龙的
作者：周符予
指导教师：符　今
点评教师：王　莹

创意亮点

整体由金属零件材料巧妙地拼装组合构成，在平面上创作出立体造型，并形成了浮雕般的艺术效果。

第65例
倾 塑

📖 题材构思

倾斜的杯子能倒出什么呢？一般人想到的是水、牛奶、咖啡等液体，而这件作品打破了人们的惯性思维，用了异质同构的创意设计，将杯子与大量倾倒而出的螺丝钉等金属材料由上至下连接在一起，组合成了一个有趣的、别致的立体造型。

技法特色

作品是由灰色带手柄的瓷杯与废旧螺丝钉、螺丝帽、弹簧、铁钉等材料进行粘连而成的立体造型。这些材料在日常生活中并不起眼，作者运用组合、堆叠的方法来进行造型，使作品看起来简洁而不失美感，令观看者不禁为其精巧构思、精妙设计而赞叹。

作品：倾　塑
作者：陈欢乐
指导教师：熊冬娥
点评教师：姜冰洁

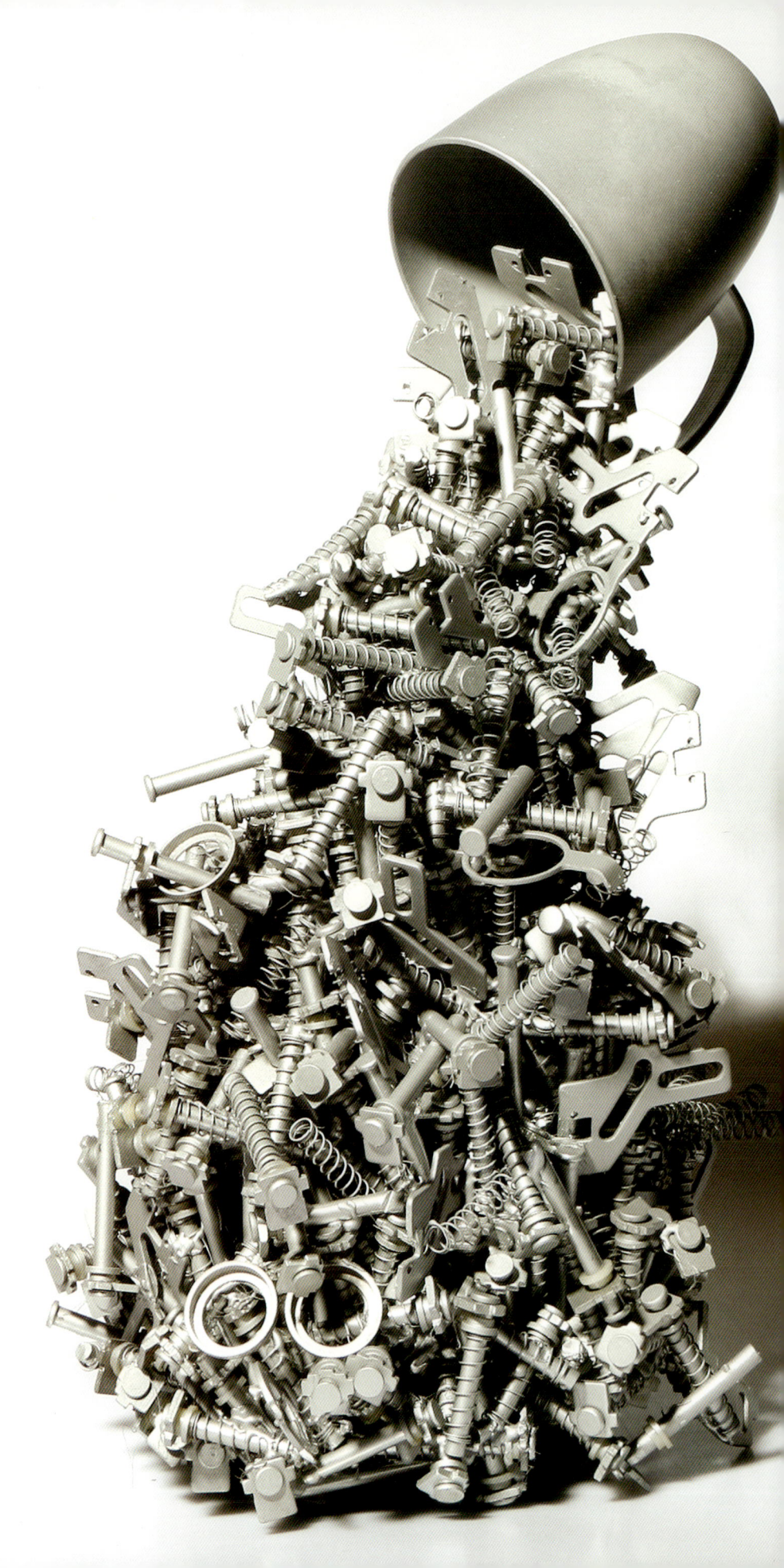

中小学生美术创作与指导100例 立体造型

构图形式

作品采用等腰三角形的构图形式。螺丝、螺帽等金属材料堆叠而成的三角形，底部稳重，顶部轻盈。瓷杯大而简约，螺丝小而繁复，大小、疏密的对比使作品具有强烈的视觉冲击力。

细节刻画

杯子光滑圆润而精致，螺丝、螺帽粗糙而原始，质感的强烈反差与统一的色彩使得作品的新奇感跃然而出。金属材料看似随意地堆积在一起，实则遵循上疏下密的艺术规律。整件作品在不同条件的光照下，产生的无穷变化的影子也十分耐人寻味。

色彩处理

作品整体采用沉稳的灰色，统一的色彩中又有深浅的变化。金属的质感结合静谧的灰色，散发出浓烈的机械气息和现代气息。

局部一

局部二 | 局部三

创意亮点

这件作品利用废旧物品创作，变废为宝，体现了环保的理念。瓷器与金属的组合也让人眼前一亮。

第 66 例
城市倒影

📖 题材构思

这件作品创作的灵感源自对现代化城市天际线的印象，主要刻画了城市中不同造型的高楼大厦形成的建筑群面貌。利用螺丝、螺母等五金特有的多样形状和金属质感，通过叠加、组合、排列等方式，表现高低错落、造型不一的多样建筑。同时，巧妙利用镜子的反光与折射，呈现出一幅富有节奏和韵律的城市倒影图。

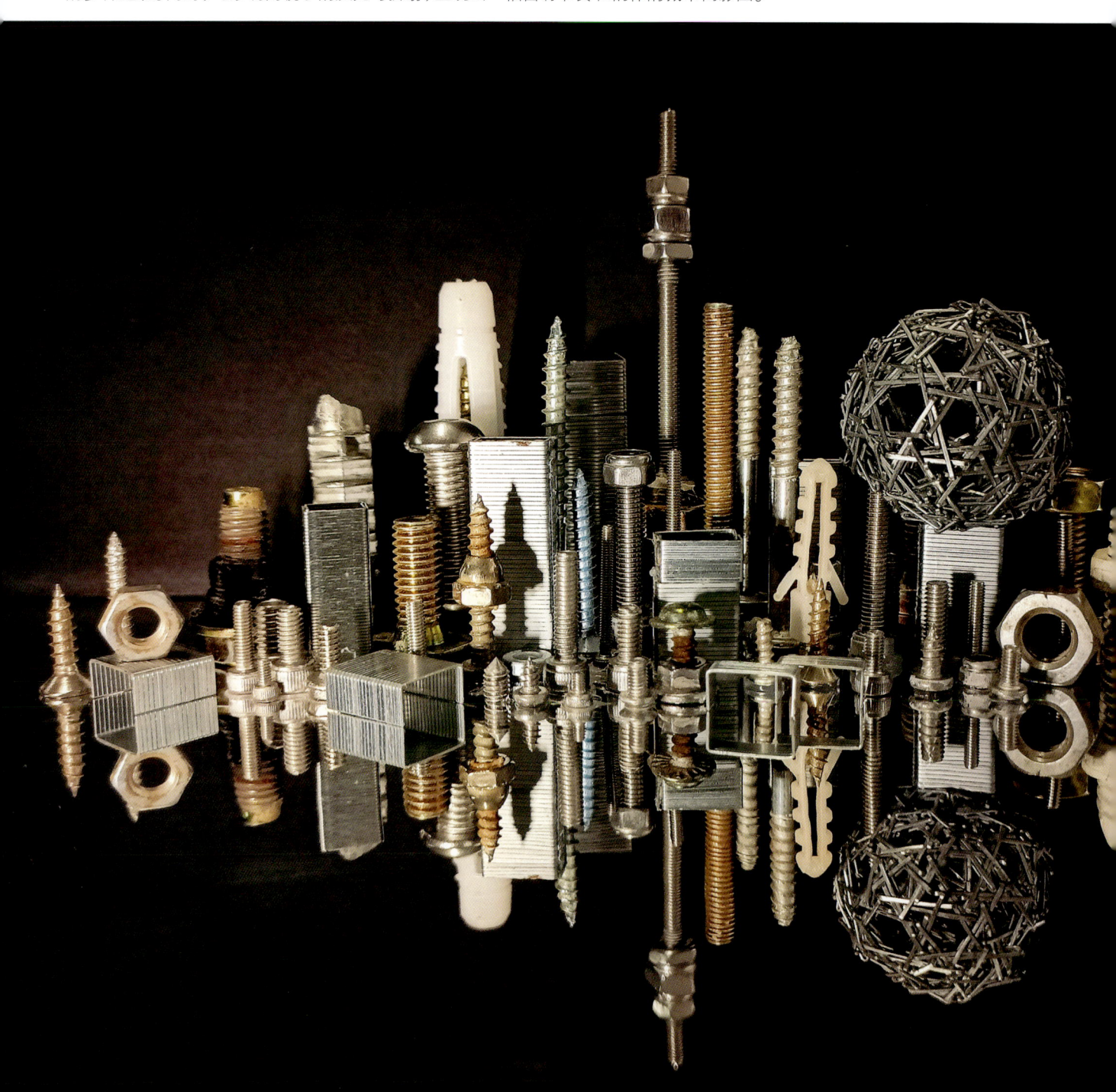

技法特色

作品是用常见的五金材料，如螺丝、螺母、不锈钢钉、水泥钉等制作而成的立体造型。不同五金材料的形状和质感，使整件作品凸显了都市的现代化魅力。建筑有高有低、有大有小、有方有圆，造型丰富，特征鲜明，错落有致，把现代化都市建筑群的特点表现得淋漓尽致，体现了我国快速发展的城市面貌。

构图形式

从作品的整体来看，建筑的纵向线条由长短、粗细不一的螺丝组成，高低错落，节奏明快，富有韵律。同时，建筑的互相遮挡时疏时密，富有变化，丰富了建筑群的空间层次，再由大小不一的螺母穿插点缀，粗细不一的钉子粘贴组合其中，使整个作品点、线、面、体有序结合，呈现出视觉上的美感。

色彩处理

作品整体选用灰褐色的五金作为材料，使整个作品色彩和谐统一；作品中间有一个偏蓝色的金属体，与其他部分形成色相对比；主体色彩与背景的黑色形成明暗强烈对比，使整个作品呈现出城市建筑色彩的丰富多变，造型的多样统一。

	局部一
局部二	局部三

细节刻画

作品中不同金属形状、质地的应用，很好地表现了城市建筑的丰富造型和硬朗质感，各个建筑的布置错落有致、疏密有度，增添了作品的耐看性和美感。

作品：城市倒影
作者：周子皓
指导教师：郑夏萍
点评教师：郑晓敏

创意亮点

这件作品利用形状各异的五金材料创作而成，材料方便易寻，表现城市建筑的质感直接而有效。

第 67 例
轻舟已过万重山

题材构思

这件作品的创作灵感来源于中国传统写意山水画的审美意象以及西湖的潋滟水光和空蒙山色，利用半透明的黑纱为主要材料表现江南连绵的群山，用白色细沙构建江波浩渺之景象，点缀三艘黑色小船，营造出轻舟已过万重山的墨色山水意境。

技法特色

作品以长 103 厘米、宽 47.5 厘米、高 8 厘米的黑色长方体托盘为背景，在托盘内部放入白色板做底托，先用超轻黏土做了江南的连绵山峦，再用黑色铁丝依着山形排列。铁丝插入 EVA 底托固定后，抽取出所有超轻黏土，在黑色铁丝排列出的群山上覆上黑纱，黑纱用大头针固定。然后在托盘里倒入白色细沙，用于固定底托，最后用黑色隔音板的边角料剪出三艘小船。

构图形式

作品以连绵群山构成的山景体块为背景，由于黑纱半透明的质感肌理，犹如墨色变化，形成既厚重又空灵的视觉效果。前景由白色细沙构成的大面积江面上，近似于点状的三艘黑色小船疏密有致地点缀其上，产生富有节奏的旋律之美，三艘小船与作为背景的群山在体量上形成强烈对比，不仅体现了江面的辽阔之美，更为观者呈现了中国水墨画"计白当黑"的构图精髓，传递出东方审美意趣。

色彩处理

作者利用材料的本色,运用黑白灰的色彩,进行画面处理,使画面色彩统一和谐,产生一种宁静的效果。

细节刻画

依着黑色铁丝组成的山形轮廓固定的黑纱,由于自然折叠形成非常丰富的墨色层次变化,会透光的特性形成丰富空灵的视觉美感。

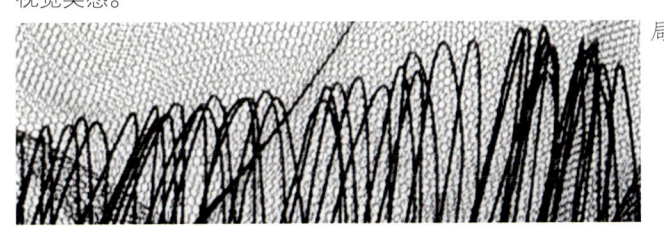

局部

制作步骤

步骤一:用超轻黏土做出起伏有节奏变化的山峦。
步骤二:用黑色铁丝依着山形排列出山形线条。
步骤三:固定好黑色铁丝后,抽取出铁丝下面所有的超轻黏土。
步骤四:在铁丝构成的群山上覆上黑纱,黑纱用大头针固定在EVA底托上。
步骤五:在托盘里倒入白色细沙,盖住用于固定的底托。
步骤六:最后用黑色隔音板的边角料,剪出三艘小船,插入白色细沙,完成作品。

创意亮点

本作品巧选材料来表现中国艺术的审美格调和情趣,弘扬了中式美学。

▼ 作品:轻舟已过万重山　　作者:梁子腾　　指导教师:马　丹　　点评教师:马　丹

第 68 例

飞 鱼

📖 题材构思

这件作品的创作灵感来源于中国古代神话《山海经》中的飞鱼。飞鱼形似鲤鱼，长着鱼的身体、鸟的翅膀，头是白色的，嘴是尖的，整个身体像织布的"长梭"，在西海活动，在东海游走，夜晚飞行。作品以《山海经》中对飞鱼的形象描述为想象的依据，将飞鱼的形态用旧五金为材料来表现。

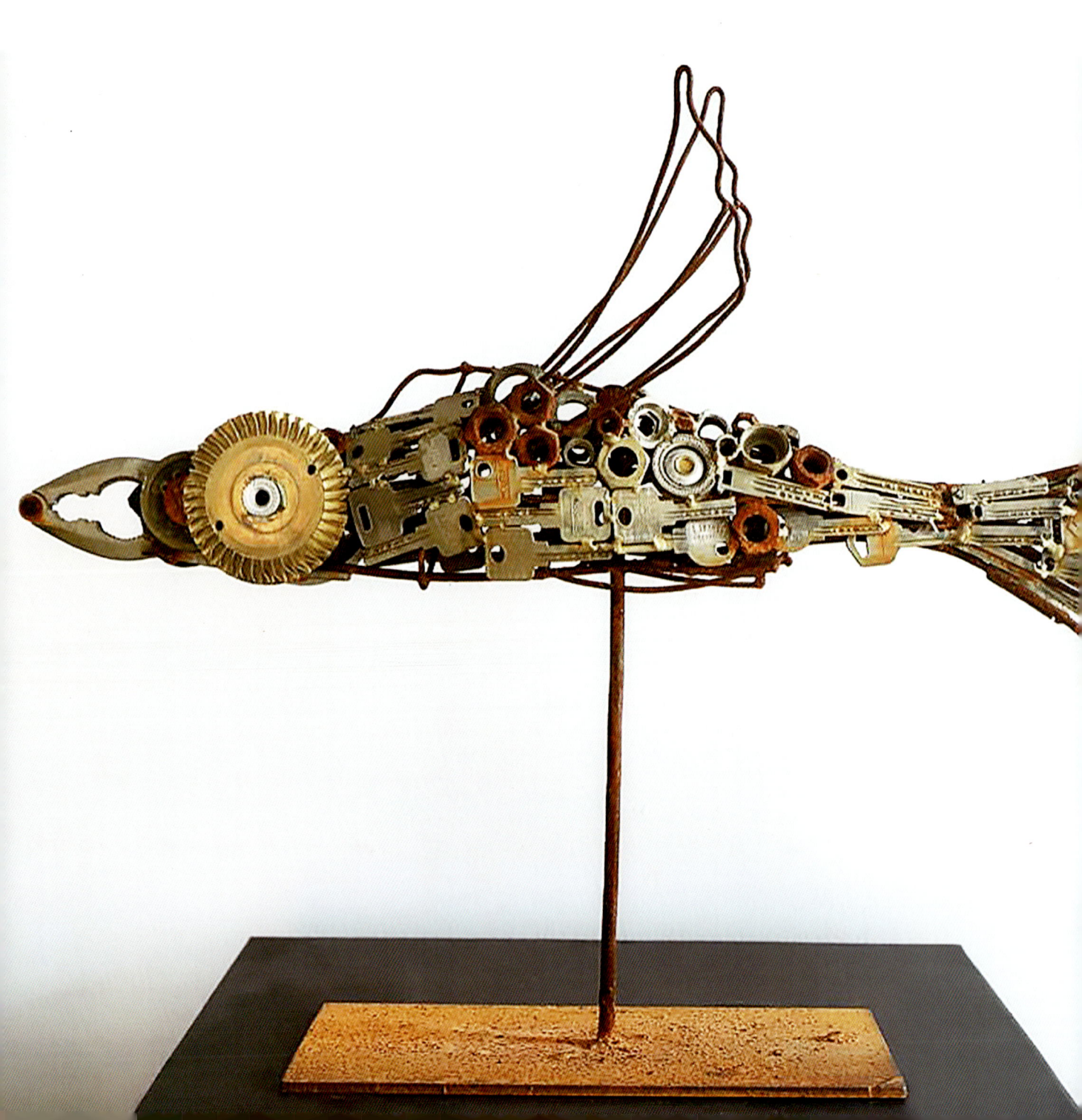

技法特色

根据《山海经》的描述，确定了"长梭"状的鱼形，构成材料主要采用了铁丝、齿轮、老虎钳以及螺帽、钥匙等废旧五金件。用粗铁丝搭建出飞鱼的骨架，鱼身用螺帽以及钥匙构成。鱼嘴、鱼眼、鱼尾则利用了外形和纹理上的关联性，将老虎钳与鱼嘴关联，将鱼眼与齿轮和螺帽关联，将鱼尾的纹理与钥匙的纹理关联，巧妙表现了鱼的特质，却又不失金属的质感。

色彩处理

飞鱼的整体色彩以旧五金的铜锈色和不锈钢的银白色为主，从远处看去，鱼身深浅不一，富有节奏感。在阳光的照射下，不锈钢的光泽感与旧五金的粗粝感，在质感上相互碰撞，银白色与铜锈色在色彩上又和谐统一，从而呈现出独特的视觉效果。

细节刻画

作品的视觉中心在鱼腹部分，是用钥匙以及螺帽，通过重复排列，表现出鱼鳞的质感。鱼眼的齿轮和螺帽有着重复的螺纹，表现出鱼眼的灵动。老虎钳的开口巧妙地表现出鱼嘴的开合。

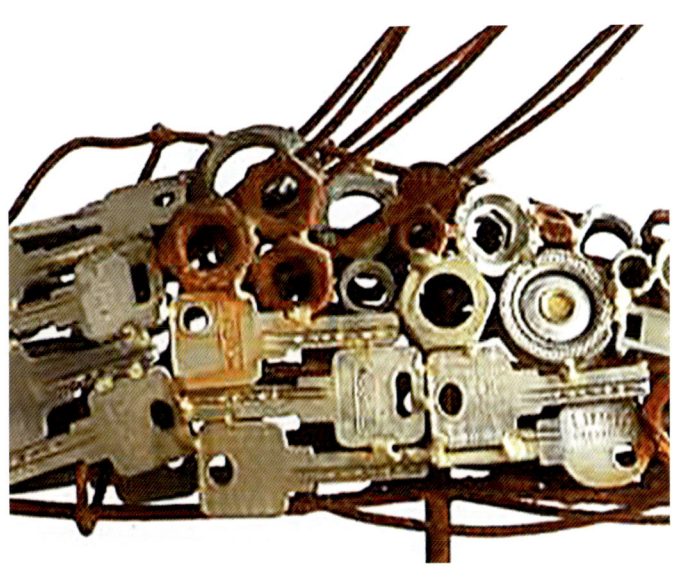

构图形式

作品以飞鱼为主体，省去了多余的背景，以一根铁管撑起鱼身，营造出飞鱼凌空的气势，留给观者更多的想象空间。翅膀和鱼尾的留白处理，表现出飞鱼的翱翔之感。从整体上看，翅膀、鱼尾、鱼身虚实结合，体现出飞鱼的灵动之感。

制作步骤

步骤一：绘制飞鱼形象的草图。
步骤二：寻找相关联的旧五金件。
步骤三：以铁丝搭建飞鱼的骨架。
步骤四：以钥匙、螺帽、老虎钳等焊接出鱼身。
步骤五：以铁管支起鱼身，营造凌空的意境，完成作品。

| | 局部二 |
|局部一|局部三|

作品：飞　鱼
作者：曹　毅
指导教师：徐星蕾
点评教师：吕欣怡

创意亮点

这件作品循形造物，不破坏材料原有的肌理和外形，而是最大程度地利用材料的特性。重构后的形象使得冷冰冰的金属材料具有了亲和力与温度感。

第69例 后羿射日

📖 题材构思
这件作品创作的灵感来源于神话故事《后羿射日》。利用各式各样的石头进行造型,通过表现后羿射日的动态,反映了人们积极向上的精神面貌。

技法特色
作品是用树枝、鹅卵石等材料制作而成的立体造型,不同颜色、形状、大小的石头的使用,使整件作品显得非常古朴。主体人物使用不同颜色的石块组成,用石头的凸起表现肌肉感。

构图形式
从作品的整体来看,人物主体是块面,表现力量感和扩张感,树枝是线条,直线与曲线相结合,体现出结构上的美感。

色彩处理
石头的多色与底板的深暗形成鲜明的色彩对比,整个作品呈现出神话色彩浓烈的视觉体验。

细节刻画

作品中人物的肌肉、影子和弓箭选用的颜色各不相同，富有变化，增加了作品的美感。

肌肉

影子

弓箭

制作步骤

步骤一：用石头摆出人物的造型框架。
步骤二：用小石头填充肌肉空隙。
步骤三：用树枝完成弓的造型，小石头补充细节，完成作品。

创意亮点

这件作品利用大自然中的石头，对古代神话故事进行了场景再创作。

作品：后羿射日
作者：方星雨
指导教师：李颜婷
点评教师：柯晓丽

第 70 例 十二生肖

题材构思

这件作品创作的灵感来源于十二生肖，材料选用了超轻黏土、贝壳等，通过表现动物的形态，反映了十二生肖不同的性格特征。

技法特色

作品是由海螺、贝壳、超轻黏土等材料制作而成的立体造型，海螺、贝壳、超轻黏土的材质使整件作品显得朴实、生动。五彩斑斓的动物粘在陶土上，有的憨态可掬，有的摇头摆尾，有的用铁丝点缀出小胡须，透着机灵劲，展现了各具风格和特色的十二生肖。

构图形式

从作品的整体来看，十二生肖排列整齐，块面占满方格。有些生肖中规中矩在格子里，有些生肖部分在格子外，增加了画面的张力，更好地把动物的性格特征表现了出来，令人眼前一亮。

制作步骤

步骤一：用海螺、贝壳、超轻黏土做出动物的身体。
步骤二：加上五官后，进行细节点缀，制作成十二生肖的形象。
步骤三：用陶土做出底板，粘上十二生肖，完成作品。

色彩处理

色彩斑斓的十二生肖与纯色的底板形成对比，整个作品呈现出十二生肖各不相同的性格特征。

细节刻画

作品中每个生肖运用了海螺和贝壳独特的纹理，细节处用超轻黏土进行刻画和装饰，使作品更具耐看性和美感。

创意亮点

作者将海螺、贝壳等天然物品，加工成艺术品，既环保又富有创意。

作品：十二生肖
作者：李依墨
指导教师：陈晓静
点评教师：柯晓丽

第71例 唱脸谱

题材构思

这件作品的创作灵感来源于京剧人物形象。作品利用麻绳，通过编织、缠绕、勾勒等方式，展现京剧人物的脸谱以及服饰。同时，运用夸张的方法表现人物头部，更细致地展现了京剧人物的头部装饰以及面部的脸谱纹样，突出京剧人物的形象特点。

技法特色

作品是由麻绳缠绕铁丝、泡沫球等材料制作而成的立体造型。作品整体使用细麻绳缠绕，风格古朴。人物的头部、头饰以及身体部分是用麻绳缠绕泡沫的方法制作的，先将大块的泡沫雕刻成所需要的形状，再用麻绳对泡沫块进行紧密缠绕。人物面部的脸谱纹样，则用细麻绳进行勾勒盘绕。根据人物面部的五官以及脸谱纹样的走势，有的是片状盘绕，有的是用麻绳勾勒线条，富有变化。四肢、胡须以及武器内部则先通过纸板、铁丝进行造型固定，再缠绕麻绳。用麻绳编织而成的飞扬的胡须、细致刻画的脸谱以及人物手持武器的不同姿态，使人物极富个性特点。

构图形式

从作品的整体来看，头和身体是块面，表现量感和体积感；胡须是线条，表现动感和力感；头部的球形装饰是点，表现节奏感和纵深感。点、线、面的结合，使整体协调、部分细致，体现出视觉上的美感。

色彩处理

作品整体覆盖原色麻绳，给人以粗犷古朴的感觉，与丝绒的红色背景形成鲜明对比，使人有身临其境观赏京剧表演之感。

制作步骤

步骤一：用泡沫雕刻出头部以及身体的大致形状，用纸板和铁丝制作出服饰以及武器的大致形状。
步骤二：用细麻绳对做好的泡沫、纸板以及铁丝进行缠绕。
步骤三：用胶枪对缠好的组件进行黏合，固定造型。
步骤四：用细麻绳进行细节的刻画和添加，完成作品。

细节刻画

作品的不同组成部分采用了多样化的不同缠绕方式：头部装饰的大小不同，错落排列的球体表面进行了圈状缠绕；面部的脸谱纹样根据五官以及脸谱的纹样走势进行盘绕排列或勾勒。富有变化的缠绕增加了作品的精致感以及美感。

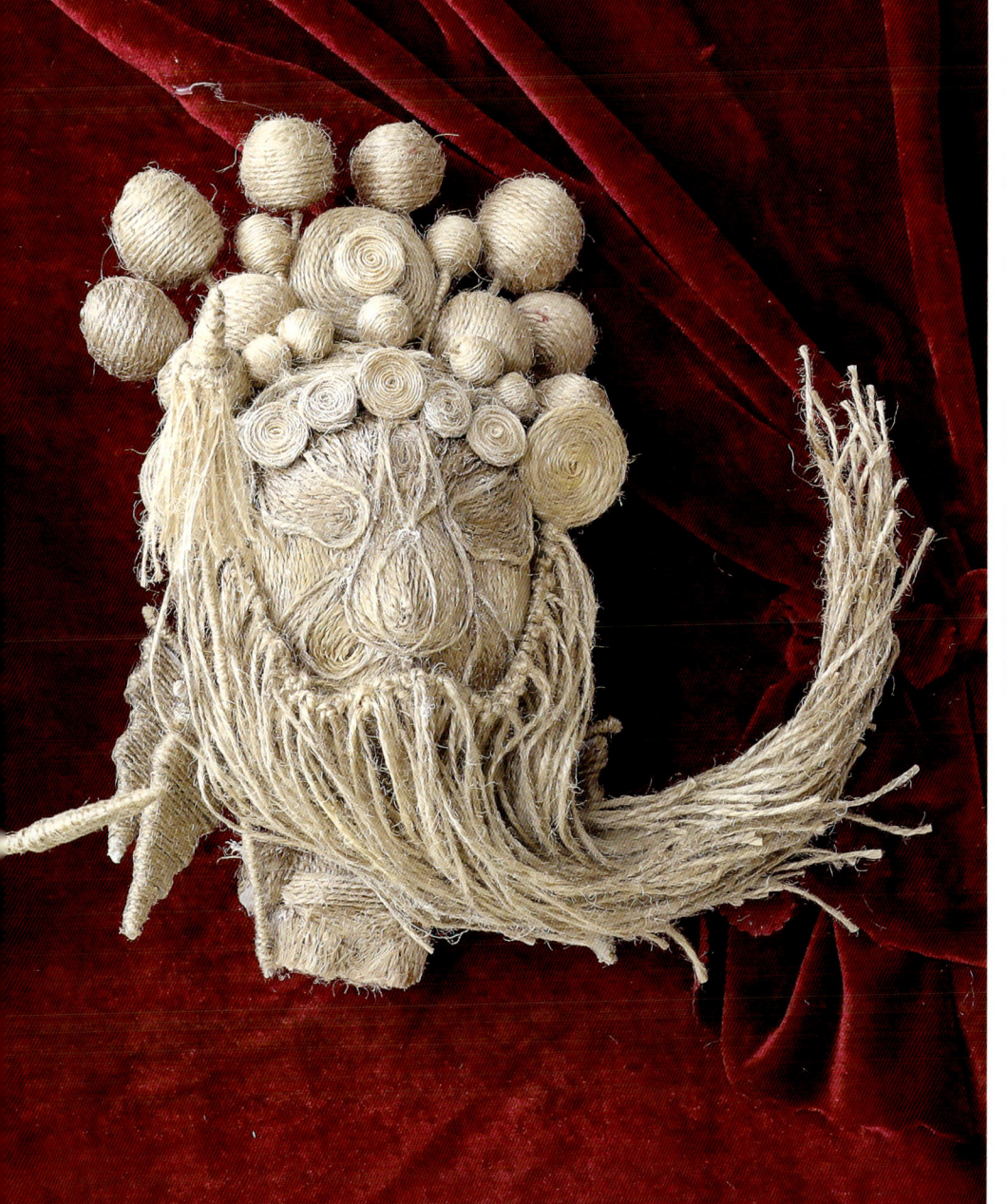

头饰

脸谱

胡须

创意亮点

这件作品以传统京剧人物形象为原型，进行创新创作，有效地宣扬了传统文化。

作品：唱脸谱
作者：金芯怡
指导教师：李颜婷
点评教师：诸葛旖旎

第72例 森　林

📖 题材构思

这件作品创作的灵感来源于"林深见鹿"的诗意场景。作者利用原生态的树枝、麻绳、木段等自然材料创作了以两头鹿为主体的立体造型。鹿圆柱体的脑袋上树杈做的鹿角生动形象。由干草堆、松果铺设而成的背景营造出的原生态格调与森林的自然情境有效融合。

🗒 技法特色

作品是由木段、树枝、麻绳等材料组合制作而成的立体造型。用松果、干稻草、麻布、木段、干花铺设背景，令整件作品显得自然清新。木结构的鹿身与其他部位的连接是这件作品的难点，作者运用了开槽拼接的方法，通过嵌合使头、颈、四肢、尾巴、鹿角相组合，再在腿部与躯干连接处以细铁钉固定。鹿的脖颈与躯干处用麻绳缠绕，有的是横向缠绕，有的是竖向缠绕，用麻绳、小铃铛作点缀，在粗犷中融入了细腻，提升了作品的精致度与视觉温度。

🧱 构图形式

从作品中两头鹿的摆放组合可以看出作者运用了三角形构图。三角形构图是最常见的和最稳定的构图形式，此类构图有着画面稳定、主体突出的特点。

🖍 色彩处理

原木色系的造型主体与淡黄色的干草堆背景颜色和谐统一，利用色调深浅不一的松果、木段等物件，丰富了整件作品在同色系中的层次感。

🖌 细节刻画

天然的木段形态不一，更接近自然质朴的味道。麻绳的缠绕、小铃铛的装饰，为作品增添了趣味性与灵动性，整件作品呈现出自然的森林气息。

💡 创意亮点

利用原生态材料进行作品创作，引导学生发现生活中的美；通过不同的艺术形式，培养学生发现美与创造美的能力。

▶

作品：森　林
作者：金晟永
指导教师：龚竺筠
点评教师：诸葛旖旎

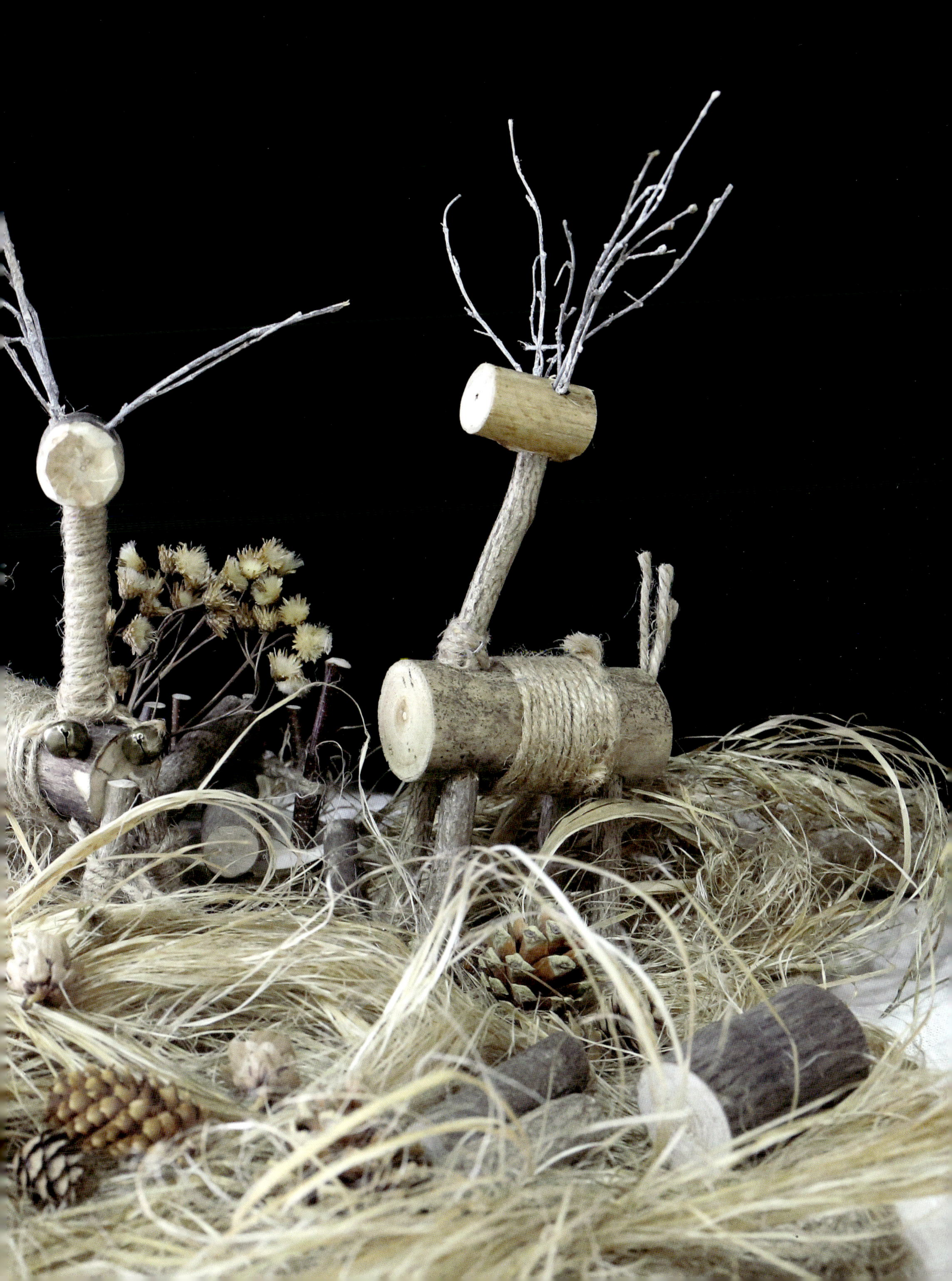

第 73 例
只此青绿

题材构思

这件作品创作的灵感来源于中国十大传世名画之一的《千里江山图》。作者利用树枝、毛线等材料，通过捆扎、排列的方法制作出具有青绿山水画格调的立体造型作品，反映了家乡绿水青山的秀丽风光，表达了热爱家乡、保护自然的情感。

技法特色

作品是用树枝、毛线等材料制作而成的立体造型。毛线容易取材，色彩丰富，在配色上可选择性广，作者选用了石青、石绿等颜色的毛线，运用单结编织的方法将其固定在树枝上，经过修剪后，自然下垂的毛须有序地排列出山川自然的秀丽景色。整件作品富有韵律，绚丽多彩，给人极大的视觉享受。

构图形式

从作品的整体来看，作者通过散点式构图展现层峦起伏的群山，左半部分突起的秀峰高耸向上，右半部分的群峰平缓伸延，整组作品构图错落有致、参差有序。

色彩处理

石青、石绿的线条组合成色彩绚丽的块面，搭配墨绿色的背景更增强了作品深远的视觉效果，给人以丘陵连绵、群峰竞秀之感。

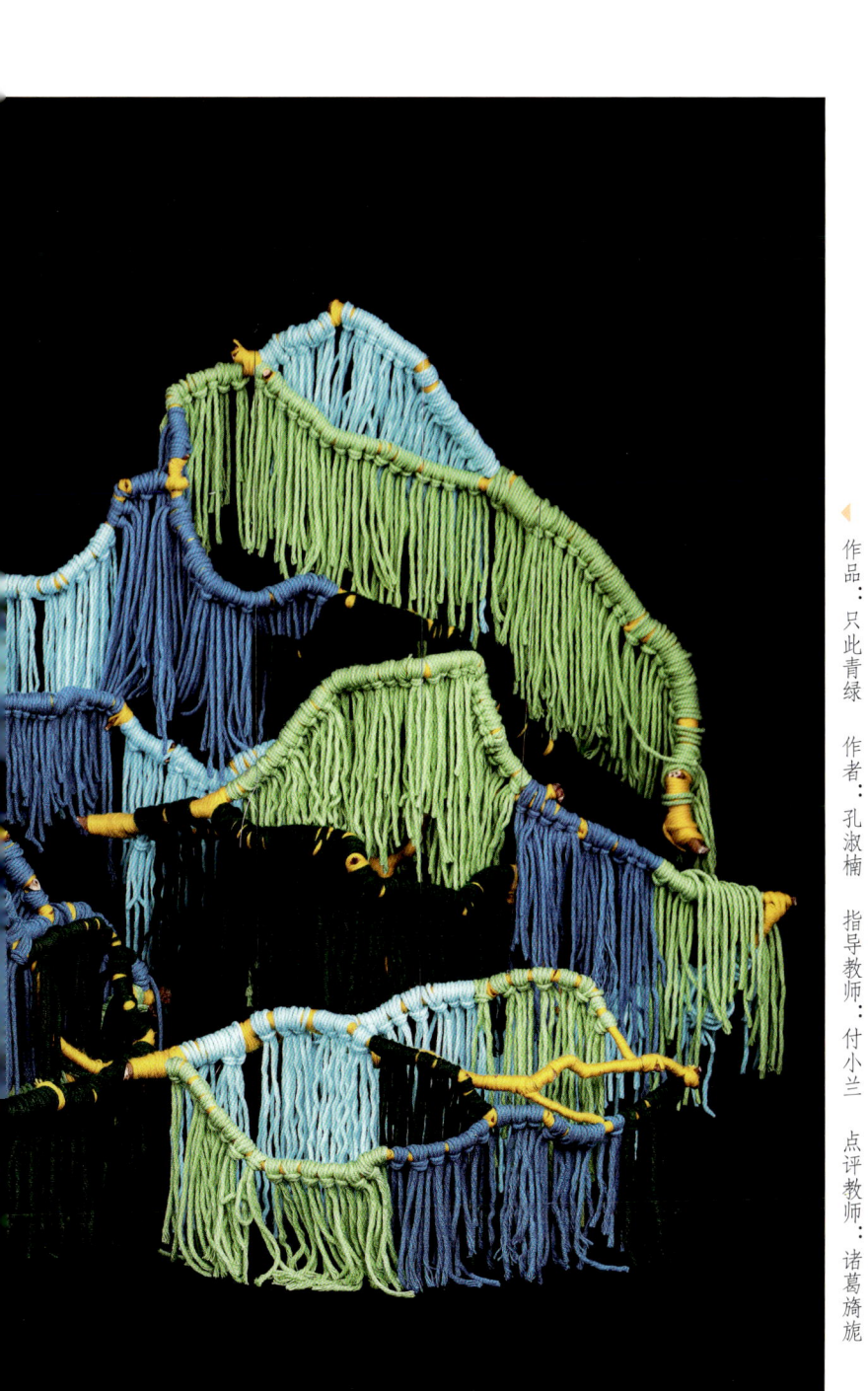

制作步骤

步骤一：用金黄色的毛线将树枝进行拼接，做好构图框架。

步骤二：将颜色相同的毛线拧成一股，通过打结固定在树枝上。

步骤三：整理修剪毛线长度，将其进行有序排列，形成构想中的画面，完成作品。

细节刻画

树枝的衔接处，作者用金黄色毛线进行缠绕，巧妙地遮盖了接口处的缝隙，使作品框架完整自然，少量的金黄色点缀也为整件作品增添了富丽之感。

作品：只此青绿　作者：孔淑楠　指导教师：付小兰　点评教师：诸葛旖旎

局部

创意亮点

作者将不同质感的材料组合在一起，经过排列、重复、堆叠，使之成为一件格调雅致、庄重富丽的立体造型作品。

第 74 例

等 待

📖 题材构思

这件作品的创作灵感来源于生活中常见的竹篾编织手工艺品。竹材作为一种历史悠久的天然材料，本身具有速生且易长期保存的特性，故而非常适合做成艺术品。作者利用竹篾材料的柔韧性进行较复杂的编织，生动形象地表现了一只栖息在枝头的鸟儿的灵动之态——它仿佛正等待着清晨阳光的洒落。

技法特色

作品是用竹篾编织而成的立体造型,使用竹编手工传统的二纹编织法,编织、拧扎,一气呵成地完成了鸟的身体结构,再施以精细的修剪,制作出鸟嘴、尾巴。竹篾质朴温润的质感,让人忍不住生出亲近感。它的轻巧特性,与鸟儿这一形象也十分契合。

构图形式

作品以竹篾编织的鸟为主体,辅以绿色的叶子作为背景进行衬托,整体采用中心构图法,主体突出、明确,增强了作品的表现力。

制作步骤

步骤一:将竹篾弯曲编织,制作出鸟身的框架。
步骤二:拧扎出鸟的腿部,固定在细竹竿上。
步骤三:修剪出尾巴、嘴部的形态,完成作品。

色彩处理

作品主体色彩以黄色为主。竹篾具有一定的透光性,阳光透过竹篾,使其色泽温和而饱满,漂亮而自然,赋予作品一种生机勃勃的活力感,而用绿色的叶子与之相衬,看上去也非常自然舒适。

细节刻画

鸟爪拧扎在细竹竿上,营造出一种鸟儿落在枝头的轻盈感,仿佛下一秒它就可以展翅高飞。

局部

作品:等 待
作者:苏欣怡
指导教师:曹陈绚
点评教师:诸葛旖旎

创意亮点

竹制器具与木器一样,都是大自然的馈赠,竹制器具源于自然,用于生活,又归于自然。运用竹材制作立体造型作品,让学生了解了竹材特性,传承与发展了竹编技艺,弘扬了中华文化。

第 75 例
渔家生活

📖 题材构思

这件作品创作的灵感来源于渔家生活中晒鱼干的劳作场面。利用渔家生活和环境中特有的物件和材料，表现了具有渔家生活特色的晒鱼干这一劳动场景，赞颂了渔家勤劳朴实的美好品质。

技法特色

作品是由旧麻片、麻绳、树枝、鹅卵石、沙子等材料制作而成的。这些材料的使用让整件作品充满质朴的气息。制作立体人物时，先用麻绳在人形硬纸板上缠绕制成人物躯干，衣服由麻片简单裁剪和缝制而成，斗笠是用麻绳在斗笠形的硬纸板上盘绕粘接制成的，再把三者粘接组合成完整的人物，又巧妙地通过躯体、四肢的折叠角度变化，做出坐、立等各种生动有趣的劳作姿势，富有浓浓的生活味。鱼儿也是用麻绳缠绕制作而成的。麻绳缠绕时，或横向缠绕，或竖向缠绕，或交叉缠绕，各有技巧，需勤加练习，细细体会。

不同视点拍摄的观察角度

作品：渔家生活
作者：汪泽积
指导教师：虞莉莉
点评教师：李启云

中小学生美术创作与指导100例 立体造型

构图形式

作品中劳作的人们围成一圈,相互呼应,具有整体感。背景为大块面的沙滩,表现量感和稳定感;人物有远有近、高低错落、姿态各异,表现出动感和节奏感;树枝是线,鹅卵石是点,点缀于画面中。整个作品点线面巧妙结合,疏密得当,错落有致,给人以强烈的视觉冲击,令人对渔家美好生活心生向往。

制作步骤

步骤一:用黄褐色毛线或麻片、麻绳制作各色各样的人物和鱼。
步骤二:将各式各样的人物、鱼,疏密有序地摆放在沙滩上。
步骤三:用树枝和鹅卵石补充画面,完成作品。

色彩处理

黄褐色的旧麻片、麻绳缠绕编织而成的人物和鱼,与暖阳下的沙滩,形成色彩的和谐统一,使得整个作品呈现暖融融的暖色调,烘托出渔家劳作的欢欣氛围。

细节刻画

作品中斗笠的密实和衣服的蓬松形成不同质感的对比,增添了作品的变化和美感。

局部一  | 局部二

小故事

大地艺术(Land Art),也称环境艺术,是一种存在于建筑和雕塑之间的艺术形式,出现在20世纪60年代。许多大地艺术是"为场地特制的(site-specific)"艺术作品,艺术家利用自然界的生态环境,比如土地、岩石、沙丘等创作大型项目,这种创作与20世纪60年代以来人们对环境的关注密切相关,推动人们更加积极地保护自然资源。

螺旋状防波堤(装置艺术)
1970年 罗伯特·斯密森[美国]

创意亮点

这件作品利用天然材料进行创作,体现了环保理念。作品融入自然环境中,促进人们对保护自然的关注。

细节刻画

作品中每条鱼的鱼鳞和每块石头上的纹理各不相同,富有变化,增添了作品的耐看性和美感。

中小学生美术创作与指导100例 立体造型

创意亮点

这件作品利用废旧物品进行创作，变废为宝，体现了环保理念。

| 局部一 | 局部二 |

同类作品欣赏

作品：鱼趣之二　　作者：周轩卉

第 77 例
千里江山　瑞鹤呈祥

▲ 作品：千里江山 瑞鹤呈祥　作者：梁馨艺　指导教师：王　欢　点评教师：吴　言

题材构思

这件作品创作的灵感来源于宋代王希孟创作的绢本设色传世名画《千里江山图》，该画为长卷形式，画面描绘细致入微，烟波浩渺的江河、层峦起伏的群山构成了一幅美妙的山水图。画面的青绿山水激发了作者的创作灵感，于是选用立体造型的方式来呈现千里江山。

技法特色

作品中的山峦是将热缩片设以青绿色后再加以热缩制作而成的，热缩片热缩后发生收缩变化，材质不再平滑，变得起伏而皱糙；将太空棉组合成片，形成气势磅礴的云海，青绿山峦半隐在云海之中；用超轻黏土制作的一群白鹤摆放在云海之上，有一种群鹤在空中飞翔之感。

构图形式

这件作品用了横构图,以长卷的形式呈现,给人以舒展的感受。白鹤与云海是近景,山峦是远景,山峦有前有后,作品中心的一组远景高山是整个构图中的最高点,仔细看还能发现最远处是一组透明材质的山峦,更增添了画面的纵深感。

色彩处理

山峦的青绿色蕴含着中国山水画的色调,太空棉柔和的白色衬托着连绵的山峦,展翅飞翔的白鹤仿佛欣赏着千里江山,使得整个作品更为灵动,白鹤头顶的小红点给作品增加了一抹亮色。

白鹤

山峦

细节刻画

每只白鹤额头为红色,腿为黑色,造型生动,飞翔的姿态各异,展开的翅膀上的羽毛层次富有变化,栩栩如生,给作品增添了可看性和美感。

创意亮点

作者巧妙利用材料的特性进行创作,泥塑造型能力强。

第 78 例
阳光　生活　梦想

📖 题材构思

这组作品的灵感来自夕阳下的摄影作品,人物在逆光下形成的剪影简练而生动,有一种独特的氛围。

技法特色

作品由36个立方体小纸盒构成,小方盒正面开放,展示出盒子里的空间"舞台",利用剪影的前后层次叠加,形成一个个舞台场景。每一个空间也是一个生活场景,讲述着一个小小的故事,展示出作者细致的观察力和想象力。

构图形式

作品由多个小纸盒"舞台"构成,每一个小"舞台"的画面又有着独特的构图,多层密集的排列形式构成了独特的形式感。

色彩处理

作品的主色调是橘色调背景灯光,中间一行用紫色调的背景灯光,形成了色彩变化。灯光通透,作品空间感强,光感和剪影效果独特。

细节刻画

每一个小舞台以各种动态人物为前景和主体,以背景灯光烘托,使整件作品气氛温馨,充满故事感,值得细细品味。

| 局部一 | 局部二 | 局部三 |

作品:阳光 生活 梦想
作者:汪科苗
指导教师:金苏娜
点评教师:吴 言

💡 创意亮点

一个小方盒就是一个小舞台,36个"舞台"的集中呈现给观者提供无限的想象空间。灯光的使用也让作品增色不少。

第79例 科创·智慧之城

📖 题材构思

生活中的银色保温袋启发了作者，小格子构成的蓬松质感表面让作者联想到未来的城市建筑。

技法特色

作品主体是废弃的银色保温袋，用一高一矮两个袋子来表现建筑；用红色粗线对银色保温袋进行锁边，形成色彩对比；用铝丝制作行走的人物骨架，再将红色超轻黏土包裹在铝丝骨架上，形成人物的造型；将大量的铝丝用弯折的方式形成有弧度的线条，密集摆放后呈现出面的效果；圆形不锈钢水槽过滤片用铝线支撑，高低错落地悬浮着，使作品更具节奏感。

构图形式

作品以高低错落的形式构图，主体建筑一个高窄，一个矮宽，形成对比；以一组线形的红色小人增加动感，红色、银色的铝丝成片摆放，穿插在主体建筑间，凌空悬浮的银色圆片与下方的银色主体形成呼应，使作品灵动起来。

色彩处理

作品的色彩是一组对比色：银色和红色。银色保温袋占据了作品的大部分体积。作品选用了银色与浓郁的红色对比，用红色线给保温袋建筑锁边，形成装饰性线条，再以红、银两色的铝丝产生色彩的呼应。作品中红色的人物小而多，形成人群的效果，增加氛围感。

细节刻画

人物的造型生动，形态各异，互相之间有着联系。因将红色人物做得小，而衬托出主体建筑更为高大，细看颇有趣味。

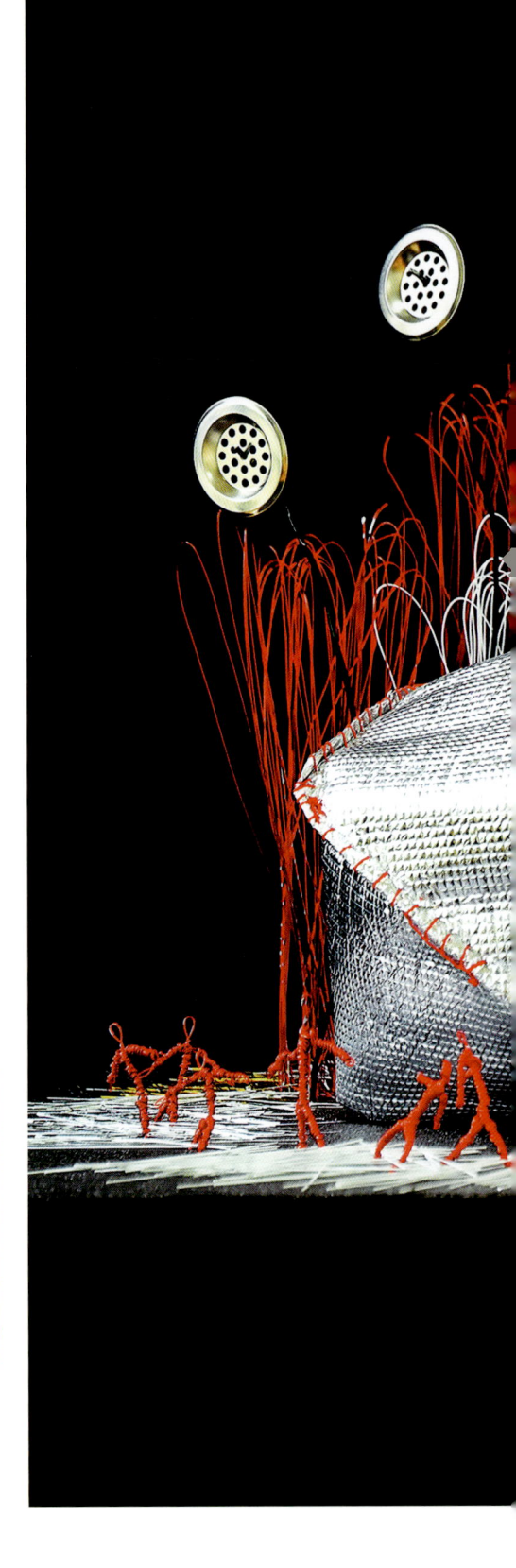

局部

作品：科创·智慧之城
作者：吴欣怡
指导教师：胡鸿燕
点评教师：吴　言

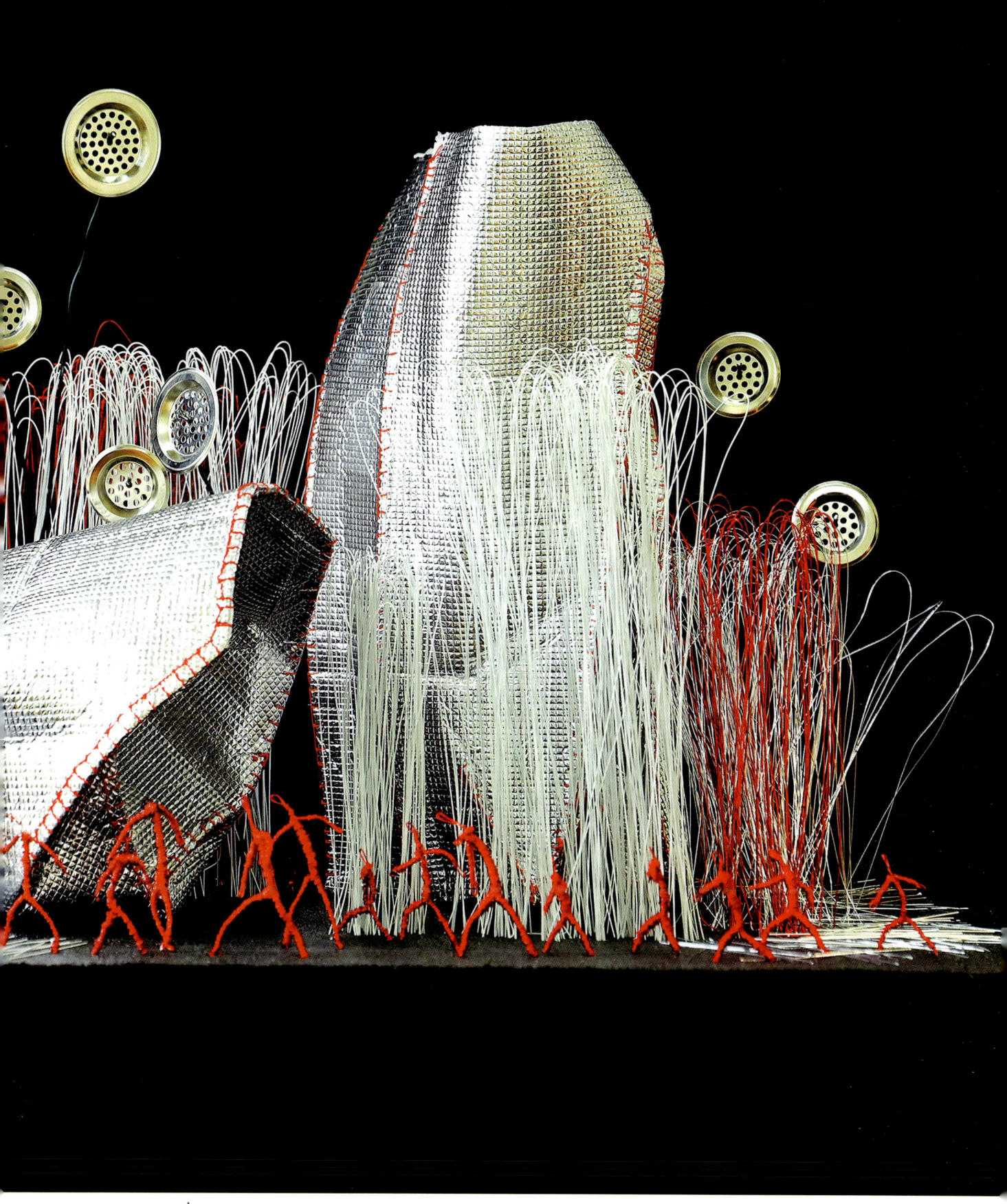

创意亮点

作者巧妙利用形状和色彩不同而表面带光泽的废旧物品进行创作，充分发挥材质特点，使作品具有美感。

第80例
机器人时代

题材构思

这件作品创作的灵感来源于孩子们的废弃玩具,虽是塑料,但表面材质却是非常有质感的。作者用废弃玩具进行了一次再创作。

色彩处理

废弃玩具本身的色彩多样,为了达到整体效果的统一,并强调机器人的机械感,作品把所有的玩具零部件都喷成了银色,连粘接处也没有漏掉。作品最后呈现出的银色金属质感与机器人的机械感相匹配,体现出作品的未来科技感。

技法特色

作品由一些废弃玩具和玩具零部件材料组合而成,玩具中有汽车、变形金刚、遥控操控盘、电缆线、玩偶等,用热熔胶将它们粘合组装成各种机器人造型。

构图形式

从构图来看,五个机器人一字排开,中心的机器人个子最高,两侧的机器人逐个变矮,形成三角形构图,画面均衡,有一种稳定的视觉美感。

▲ 作品:机器人时代　作者:于欣言　指导教师:陈 锐　点评教师:吴 言

细节刻画

废旧玩具材料组合时注意大块部件和小部件的配合,形成疏密变化,使作品富有节奏感。

创意亮点

利用废旧物品创作,变废为宝,具有环保理念。

第81例 绿水青山就是金山银山

题材构思

这件作品的创作灵感来源于中国传统的鼻烟壶。虽是传统水墨山水画的形式，但作品借助立体的造型来展现祖国大好河山，体现"绿水青山就是金山银山"的核心主题。

技法特色

作品将山水画绘在薄宣纸上，宣纸粘贴在透明质地的塑料罩上，配以灯光呈现出通透且立体的山水画面，颇有早年内画鼻烟壶的风格，再搭配前景鹅卵石、远景锡纸山景，使作品更具空间美感。

构图形式

从作品的整体来看，金山银山是大块面，重重叠叠产生延伸感；主体的透明罩有大有小，错落有致，相互之间既独立又互为延展；前面圆球形透明罩内是黏土制作的小船和渔翁，作品中有人物仿佛就有了灵魂。鹅卵石是散点状态，使整个作品疏密有致，有一种韵律感。

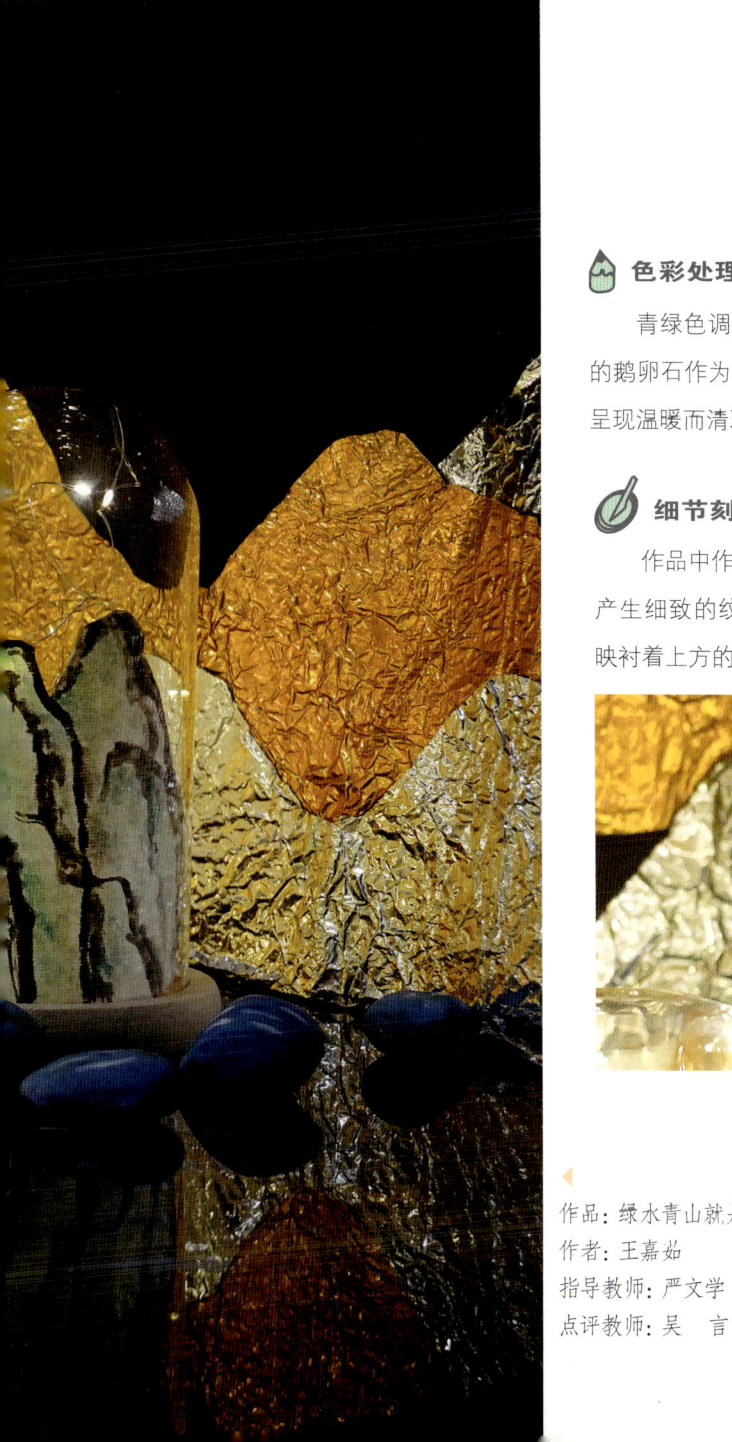

小知识

鼻烟壶

鼻烟壶是一种传统工艺品，始于明朝，盛于清代。内画鼻烟壶出现于清代嘉庆末年道光初期，它是用特制的微小勾形画笔，在透明的壶内绘制而成的。艺人们用铁砂和金刚砂加水在鼻烟壶的内面来回的摇磨，使鼻烟壶的内壁呈乳白色的磨砂质地，细腻而不光滑，容易附着墨色，效果就像宣纸一样。内画鼻烟壶后来出现了一些比较精细的作品，再后来发展为诗书画并茂的艺术精品。

玻璃内画山水图鼻烟壶
（中国画）1898年
（清）丁二仲

色彩处理

青绿色调的山水画作为主景，暖色调的金银色的山峦作为远景，蓝色和原色的鹅卵石作为前景中的小面积点缀，与远景形成鲜明的色调对比，使得整个作品呈现温暖而清雅的色调。

细节刻画

作品中作为背景的金银锡纸通过捏揉产生细致的纹理感，底板用了黑色镜面，映衬着上方的作品，形成倒影，相映成趣。

局部一
局部二

作品：绿水青山就是金山银山
作者：王嘉妘
指导教师：严文学
点评教师：吴 言

创意亮点

利用废旧物品创作，变废为宝，具有环保理念。灯光和透明罩相结合，作品通透而有意境。

第 82 例

嘿！朋友

📖 题材构思

这件作品的创作灵感来源于身边不同身份、年龄、性别、民族的朋友们。作品利用生活中易得、轻质的材料塑造多元鲜活的人物头像，夸张的表达手法使作品具有耐人寻味的幽默感。

构图形式

从作品的整体来看，脸部是面，占画面的大部分面积，最大限度地展现出人物表情的张力；头发是线条，以不同的疏密度和卷曲度表现多样的动感；眼睛是点状，以大大小小的圆点表现松弛或紧张的节奏感。点、线、面的疏密配合展现了繁中有序的视觉美感。

👆 小提示（一）

废旧材料选用了泡沫网、刮蜡纸、碎纸屑、气泡膜。

泡沫网　　碎纸屑

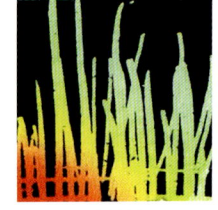

刮蜡纸　　气泡膜

作品：嘿！朋友
作者：赵　笠
指导教师：张晨露
点评教师：徐秀楠

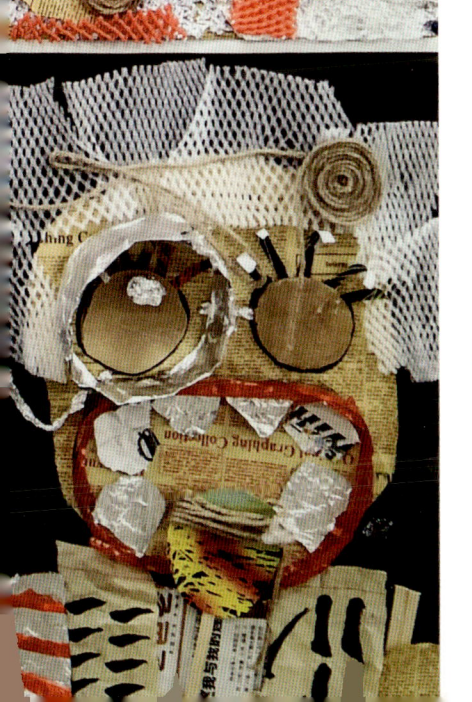

中小学生美术创作与指导100例 立体造型

技法特色

作品是由旧报纸、泡沫网、碎纸屑、刮蜡纸、气泡膜等材料拼贴而成的浅浮雕造型。脸部的形状通过撕旧报纸制成，显得稚拙童趣；头发多使用泡沫网成型，或拉成面状，或剪成条状，或卷成圆形；毛茸茸的部分多用碎纸屑成型，如胡须、毛绒外套、头发，通过重叠、分散的方式表现疏密层次。对多样材料的巧妙运用直观生动地表现了人物头像，带给人视觉和触觉上的丰富感受。

色彩处理

作品以深色为底色，衬托人物头像丰富多变的色彩。脸部颜色统一运用了旧报纸的泛黄色，其他部位也各有配色特点，如图五的人物头发的红、白、黑色彩对比强烈，图二、图三、图四、图八的人物头发分别运用了不同的单色；图二、图三、图四、图五、图七、图八的人物嘴巴以黑色为底色，分别搭配了不同的彩色元素，图一和图六的人物嘴巴运用了不同的单色。作品配色做到了变化中有统一，统一中有变化，象征着不同人群之间和而不同的共存理念。

制作步骤

步骤一：在卡纸上构思起形，按一定比例概括出人物头像。
步骤二：依据人物头像各部位的特征寻找合适的材料，并制作与之相符的肌理和造型。
步骤三：拼摆各类材料，适当调整画面效果。
步骤四：用万能胶这类黏合牢固的胶水固定材料。

细节刻画

以图五中的一双眼睛为例，右眼眼球的彩色中间多了一点白，看似外面多彩世界在眼球中的反光；左眼眼球是全白的，两只眼睛这样的组合看起来仿佛是人物遇见了特别激动人心的事情。细节的精彩点缀为画面增添了耐看性。

眼睛的细节

小提示（二）

作品排列的顺序是横向排列：

图一	图二	图三
图四	图五	图六
图七	图八	图九

创意亮点

作品由九张浮雕头像并列拼成，每张浮雕头像的创作有序地运用了多种不同肌理和色彩的材料。作品象征着各种人群组成的和谐社会。

第 83 例 对话

📖 题材构思

这件作品的创作灵感来自生活中的小动物,作者对它们观察后进行一些想象加工创作而成。作者利用生活中的常见材料,以立体造型的表现方式,运用夸张、变形、概括的艺术手法,塑造出小动物可爱憨态的生动形象,互相对话的场景仿如孩童在舞台上汇报表演,使整个作品自然天真,灵动而富有童趣。

技法特色

作品是由自然生活中常见的木桩以及老虎钳、铁丝、布等材料制作而成的立体造型。羊和鸟的造型主要用铁丝和老虎钳以缠绕、粘贴的方法组合而成,有横向和竖向的缠绕,有圆形盘旋的缠绕,还巧妙地在小动物的关节处进行了缠绕,既凸显了动物的造型特征,又强化了造型的牢固度。配以天然木桩高低错落地摆放,使作品的空间感、节奏感得以展现,增强了视觉艺术感。

构图形式

作品以排列组合的方式实现前后空间的变化,几只动物的造型和木桩的高低排列形成线、面的对比。一只羊和站在不同高矮、大小的木桩上的三只小鸟体现了大、中、小的块面对比性,具有节奏感和韵律感,使整个作品高低错落,疏密有致,呈现出形式上的强烈美感。

小知识

什么是立体造型？用特定的物质材料（绘画用颜料、绢、布、纸等；雕塑用木、石、泥、铜等）塑造可视的平面或立体的形象，表现客观世界具体事物的一种艺术表达手法。

色彩处理

整件作品主要以材料的自然原色来体现，银色铁丝与深褐色木质纹理在材质上形成粗犷与细腻的对比，再用少量红色布艺加以点缀，使得整件作品色调古拙又鲜明活泼，充满了自然的趣味。

细节刻画

作品中羊的身体和小鸟的头部，铁丝缠绕得疏密得当，恰到好处，既没有单一的排列，也没有散乱的拼凑，而是用乱中有序的缠绕方式使作品形成自然生动的效果，增添手工部分的艺术性。

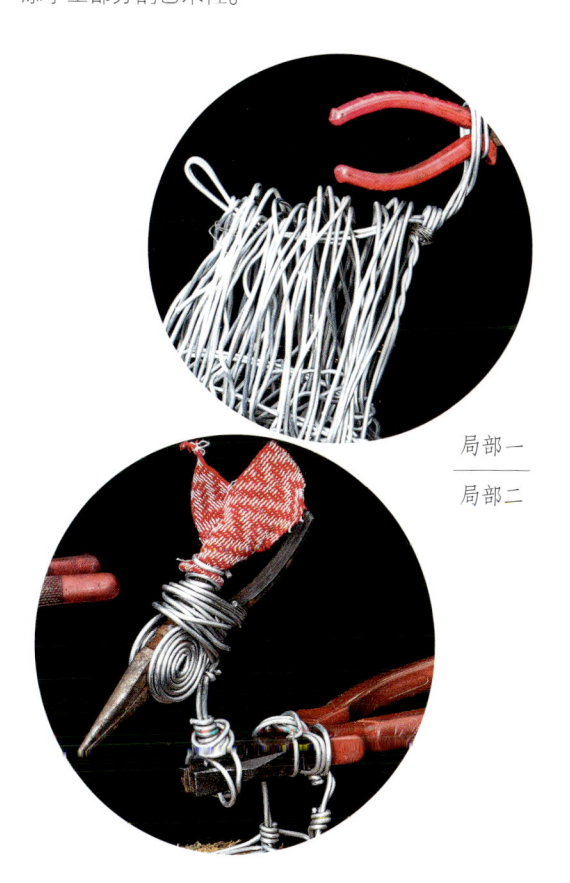

局部一

局部二

▲ 作品：对 话 作者：任哲希 指导教师：郑伟钦 点评教师：蔡玲玲

创意亮点

作者利用生活中常见的废旧物品进行创作，保留材料的本质，变废为宝，进行富有想象的艺术创新，提升了手工的趣味性。

第 **85** 例
海底的秘密

题材构思

这件作品的创作灵感来源于海底世界——一个熟悉而又陌生的地方。随着时间的流逝，海洋在不断变化的同时，也遭受了人类生活给它带来的破坏和污染，而且越来越严重，亟需呼吁人们去保护。恰巧，家里有把放置多年的旧吉他，作者想赋予它一个新的"生命"，同时也想传递一种信念：任何事物的生命，随时可能会停止，但是也可以用另外一种方式重生！

技法特色

作品运用了综合材料进行造型。材料有彩色的超轻黏土、丙烯颜料、钢丝、鱼线、旧吉他、砂纸等。

作品：海底的秘密
作者：郑 好
指导教师：朱琼华
点评教师：朱琼华

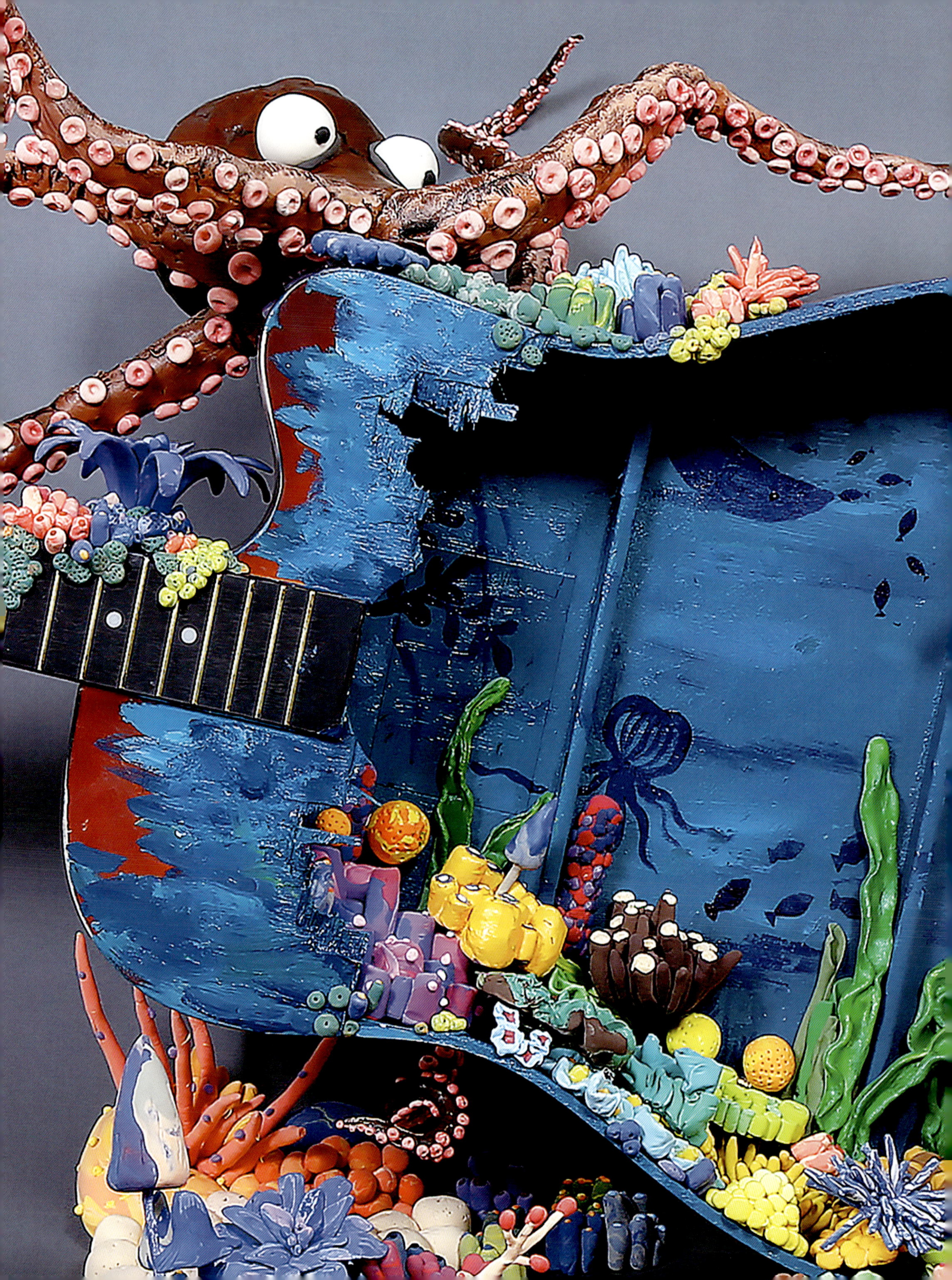

构图形式

通过在旧吉他的底部点缀大量的海草、珊瑚来表现美丽的海底；运用点、线、面有机结合的方式来安排画面。画面中的海草、鱼、石及珊瑚等元素的布局疏密有序，使画面看起来更加有节奏和韵律；作品中加了一只巨大的章鱼，露出大半个脑袋，营造出一种神秘感，惹人无限的遐想：海底到底会有什么秘密？

色彩处理

背景使用深蓝色调，彰显出海底的神秘感；大章鱼和吉他色彩相近，有呼应关系；珊瑚部分，运用了由暖色到冷色的渐变色调，使画面的色彩自然、丰富、耐看。

	局部一
局部二	局部三

细节刻画

作品中海草、鱼、石及珊瑚等纹理细节十分丰富，使作品具有肌理美感。

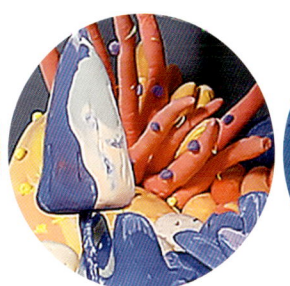

| 局部四 | 局部五 | 局部六 | 局部七 | 局部八 |

创意亮点

利用旧吉他创作，挖去吉他的音箱部分，留下底部表现海底，因为吉他底部有一定的空间深度，更有利于神秘感意境的创设。

第86例 鼓 动

📖 题材构思

这件作品创作的灵感来源于鼓手畅快淋漓地在舞台灯光下演奏的场景。作者利用生活中随手可得却又不起眼的工具和电子元件，构思出一场让人热血沸腾、意犹未尽的精彩演出。

技法特色

作品是由旧电路板、电解电容、电阻、二极管等材料制作而成的立体造型。电路板的使用使整件作品极具动感、非常酷炫；大小不一的电解电容组成了低音大鼓、踩镲、小军鼓、桶子鼓、吊镲等乐器；电阻、电感、二极管和变压器等电子元件构成了人物主体结构。其中二极管的巧妙应用逼真地还原出了鼓手尽情挥舞鼓棒即将敲击鼓面的瞬间，这灵巧的肢体动作让人眼花缭乱，仿佛真的能带来听觉上的享受。

构图形式

作品中的架子鼓是大小不一的块面，手臂和鼓棒是曲直有度的线条，舞台上形状各异的点以及背景中拱形的亮部，这些不同形状的对比，使得画面更具观赏性。通过光线的照射，使画面产生明暗对比，从而烘托了主题，突出了画面中心的鼓手；光与影的效果，形成了前后的虚实对比，增强了作品整体的美感。

色彩处理

红色主体的人物与黑色的架子鼓形成鲜明的色彩对比，突出画面中的主人公。电路板的绿色与背景光源的橙色互为对比色，使得整件作品更加充满活力，也更能吸引观者的注意力。

细节刻画

作品中组成架子鼓的电解电容"高矮胖瘦"各不相同，富有变化，增添了作品的节奏感和美感。

创意亮点

利用废旧物品创作，化腐朽为神奇，具有环保理念。

作品：鼓 动
作者：丁亭妤
指导教师：方 亮
点评教师：丁 洁

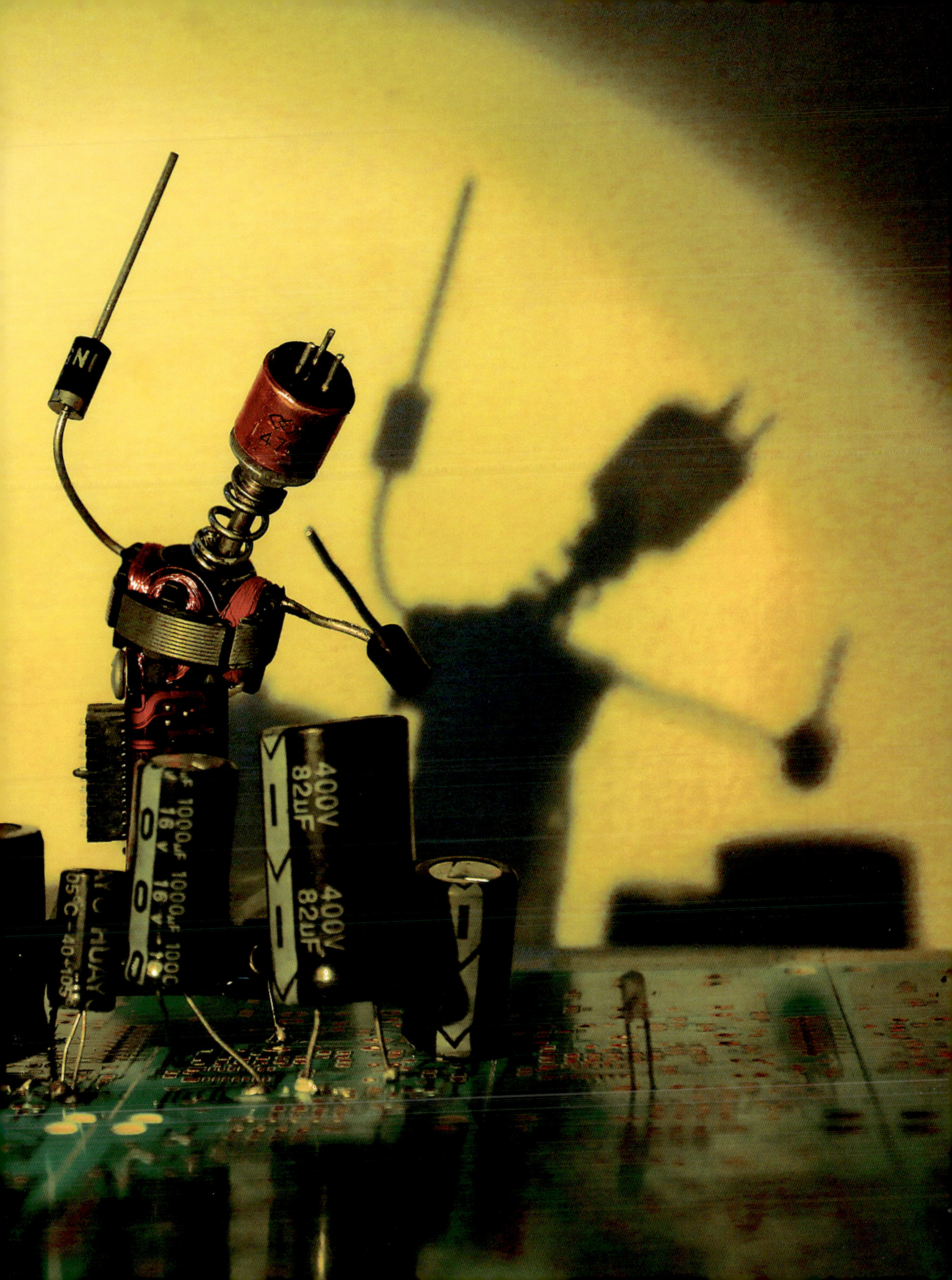
400V
82uF
400V
82uF

第 87 例

喜从天降

📖 题材构思

这件作品的创作灵感来源于中国民间十大吉祥图形之"喜从天降"。在民间蜘蛛也被称为"喜蛛",喜蛛落下象征"喜从天降"。作者利用生活中随手可得的废旧材料,创作了这幅喜蛛在丰收的石榴间徐徐落下的祥瑞画面,借中国传统民俗,赞颂伟大祖国的繁荣昌盛和劳动人民的幸福生活。

🔻 技法特色

本作品由细铜丝、干树枝、牛皮纸、丝袜、填充棉等材料制作而成。作品主体是累累的石榴果和枝条间从天而降的喜蛛。蛛网以细铜丝拧成,中心形成一个"喜"字,一根细细的"蛛丝"下方垂着一只铜丝绕成的蜘蛛,栩栩如生。石榴枝条上垂挂的累累硕果,由丝袜和填充棉做成,形象逼真,寓意深远。石榴叶则由牛皮纸塑形制作而成,丰富了整件作品。

作品:喜从天降
作者:徐睿泽
指导教师:施燕燕
点评教师:施燕燕

中小学生美术创作与指导 100 例 立体造型

构图形式

作品从整体上看是半立体的,带有平面作品的构图特点。作品的构图重心落在左侧,由挂满石榴的枝条构成,有中国写意花鸟画的构图风格。蛛网形成的"喜"字是整件作品的点睛之笔,凸显了作品的主题。"喜"字位于作品横向三分线和纵向中分线的交叉点上,成为整件作品的视觉中心。蛛网、蛛丝、枝条是线;大小、方向各不相同的石榴则构成了浓墨重彩的点,整件作品点、线、面结合,具有层次性和丰富性,体现出构图上的匠心。

色彩处理

整件作品以暖色调为主,用中国故宫红墙的红色作为背景色,传递出浓浓的中国传统文化气息。石榴用经过玫红色渐变晕染的丝袜制作,与背景的红色拉开距离;石榴叶采用了牛皮纸沉稳的本色,起到红色与玫红色之间的调和作用;蜘蛛和蛛网以红铜色铜丝制作。整件作品保持了统一的暖色调,色彩和谐,富有浓郁的中国传统民俗特点。

细节刻画

石榴叶子的形状、大小、方向富有变化且疏密有致,石榴的色彩呈现晕染后自然的渐变,蛛网中央的"喜"字与蛛网巧妙结合。

局部一

局部二

创意亮点

这件作品极具中国传统民俗文化特色,带有浓厚的中国色彩,弘扬了民族文化。

第88例 枯木逢春

题材构思

这件作品的创作构思来自明朝《昔时贤文》中"枯木逢春犹再发,人无两度再少年"的诗句。春天的枯木还可以再重新发芽,但是人不会两次拥有少年的时光。珍惜自己人生的每一个瞬间,每一个日月,每一个年度,因为这些日子,是你再也回不去的过去。

技法特色

这是一件陶艺作品，以抽象和意象相结合的方式呈现。以黑陶土、高岭土为基础材料，结合化妆土和纤维瓷土等进行调制，运用泥板成型、拉坯成型的方法制作枯木和木树皮，半干后用雕刻刀刻绘树皮的肌理。用纤维瓷土制作菌类植物的造型。

构图形式

作品的构图以面为主，其上衬以疏密有序的点和自然伸展的线。面的起伏与肌理亦使得该作品多了几分色彩。作品在外在形象上较为夸张，适当的取舍、变形使画面具有较强的观赏性，也更好地体现出作品内在的思想底蕴。

色彩处理

整件作品运用黑底白花的色彩明度对比，突出了疏密有致的白花；因为光影关系形成了部分灰色，黑白灰的色彩使作品色彩关系和谐统一，别有韵味。

细节刻画

运用了刀刻工艺和压坯技法，把枯木、树皮的形象表现得入木三分。

局部

同类作品欣赏

作品：枯木逢春　　作者：金佳圆

作品：枯木逢春
作者：金佳圆
指导教师：周　鸿
点评教师：周　鸿

创意亮点

作为一件完整的陶艺作品，其造型将点、线、面元素合理搭配，使之融为一体，且无论是单独的元素，还是组合表现，都具有独特的艺术气息。

第89例 深海蓝鲸

📖 题材构思

这件作品的创作灵感来源于生活在大海深处神秘的蓝鲸,它与人类接触极少,数量在不断下降,对它造成威胁的有海洋污染、气候变化和非法捕捞等。利用生活中废旧的物件和材料,通过表现蓝鲸在深海自由快乐的生活状态,唤醒人们对蓝鲸的保护意识,激发人们对生态环境变化问题的重视。

技法特色

作品是由牛仔布、珍珠、铁丝、透明塑料等材料制作而成的立体造型。使用矿泉水瓶或透明塑料材质的物品，利用其本身的形状或是用加热塑形的方法制作成一朵朵小花和水母，并以珍珠点缀，使整件作品非常别致。蓝鲸是使用废旧的牛仔布缝制，内部填充棉花等材料制作而成的。在蓝鲸的背部、腹部等部位分别用不同大小的珍珠和亮片勾勒出线条，使蓝鲸显得非常精致，成为作品中最闪亮的主角。作品底部用深浅不同的牛仔布条生动地表现出了深海色彩的变化。贝壳和珍珠的添加与作品整体形成呼应，相得益彰。

构图形式

从作品的整体来看，蓝鲸是块面，表现量感和扩张感；支撑花朵的铁丝和水母的触须是线条，表现动感和力量；花朵、水母是点，表现节奏感和氛围感。点、线、面的结合，使整个作品有疏有密、错落有致，体现出视觉上的美感。

色彩处理

蓝鲸背部的牛仔浅蓝与腹部的牛仔深蓝协调统一，透明的花和水母通过蓝、黄色的灯光映衬，呈现出浅浅的蓝色与黄色。黑色的背景增添了一份神秘感。整个作品呈现了蓝鲸在美丽的大海深处自由、快乐地遨游的动人画面，反映出生命对美好生活环境的向往与渴望。

细节刻画

作品中每朵花的形状和纹理各不相同，富有变化，自然巧妙，增添了作品的耐看性和美感。

局部一	局部二
	局部三

作品：深海蓝鲸
作者：李雨茜
指导教师：宋若飞
点评教师：石凌旭

创意亮点

这件作品利用废旧物品进行创作，变废为宝，宣传了环保理念；利用灯光的辅助营造氛围，突出了主题。

第90例
春绿江南岸

📖 题材构思

这件作品的创作灵感来源于江南春色里蒙上绿意的山脉、捕鱼的船只等场景。作品以舟山渔民捕鱼的渔网为材料塑造出山的造型,并融入了青绿山水画的色彩风格,充满了浪漫和诗意,表达了对家乡的浓厚情感。

技法特色

作品是由渔网、铁丝等材料制作而成的立体造型。渔网的透光加上灯光烘托,显得山脉的色彩更加灵动。蓝绿色的小树点缀在山脉间,让春天的气息更加浓郁。在山间穿行的船只用纸板裁剪制作,船上的渔民奋力地划着渔船穿行在这片山水中,构成了一幅动人的画卷。

▼ 作品:春绿江南岸　　作者:任邑乐　　指导教师:朱波娜　　点评教师:庄喜燕

构图形式

从作品的整体来看，青山是主体，连绵起伏，水是背景，由灯光渲染水墨而成，山水共色，船只点缀其中，有一种动静结合的美感。

色彩处理

用青绿色的渔网进行山的造型，渲染出丰富的层次感，让江南春色更为清润淡雅；用淡黄色的水墨背景衬托，让山的轮廓更为生动自然。通过灯光渲染使山水融为一体，山水流转，静中有动，带给观赏者独特的视觉体验。

制作步骤

步骤一：用硬卡纸或者吹塑纸板做一块大底板。
步骤二：用细铁丝做出山的骨架。
步骤三：用渔网塑造山的轮廓造型。
步骤四：用硬卡纸制作山顶的树木，用纸板制作船只和渔民。
步骤五：用水墨描绘出背景，打上灯光。
步骤六：检查作品安装是否牢固和安全，调整后完成作品。

细节刻画

作品中山的轮廓造型各不相同，富有变化，使作品既贴近真实，又有写意山水的美感。

局部一
局部二
局部三

创意亮点

这件作品利用具有当地特色的渔网来塑造江南的绿意山脉，渔网的质感朴实无华，甚至略显粗糙，但由于造型巧妙，不仅显得十分灵动，更是传递出作者对家乡的眷恋之情。

第 91 例

只此青绿，圆梦中华

题材构思

这件作品的创作灵感来源于舞蹈《只此青绿》。舞蹈中大气磅礴、充满韵味的中国传统风格的布景和舞姿，给人留下了深刻的印象。作品利用生活中随手可得的废旧材料，营造出中国青绿山水画独特的意境，再现了盛世中国的美景，表达对祖国壮丽山河和优秀传统文化的自豪之情。

技法特色

本作品是由饮料瓶、铁丝、薄纱、扭扭棒等材料制作而成的立体造型。以铁丝勾勒框架，覆以青绿色薄纱，营造出连绵的群山意象，传递了青绿山水的意境和神韵，弘扬了中国传统文化。以铁丝做骨架，用扭扭棒缠绕在铁丝骨架上做成人物，表现在山水间起舞的古代仕女，以及得以重见这一盛世景象的现代少年，他们构成作品的主要内容。用饮料瓶剪出花瓣形状后，以热风枪塑形，做出花的形状，丰富了整件作品，也寓意祖国的繁荣昌盛。

作品：只此青绿，圆梦中华
作者：高胜婕
指导教师：施燕燕
点评教师：施燕燕

构图形式

从作品的整体来看,山的形象是面,营造意境烘托氛围;花的枝干和植物是线条,表现向上伸展的力量和婀娜的形态;人物形象和花朵是大小不一的点,表现节奏感。点、线、面的结合,使整件作品疏密有致,具有层次性和丰富性,体现出形式上的美感。

色彩处理

整件作品以中国传统青绿山水画的石青、石绿色为主色调,背景是蓝色的轻纱,山脉以青绿色为主,花朵选用了透明的蓝色调,人物的服饰采用了青绿的渐变色,整件作品色调统一、和谐,具有浓郁的青绿山水画的韵味。人物身上点缀的部分黄色和黑色与主色调形成对比,使人物形象得以从统一的色调中跳脱出来。整件作品表现出盛世的景象,传递出浓浓的民族文化自信。

细节刻画

作品中每朵花的姿态各不相同,每片花瓣的肌理和形状也各不相同,半透明的材质又演绎出丰富的光影变化。作品中每个人物的动态也各不相同,增添了作品的耐看性和丰富性。

花的细节刻画

人物的细节刻画

创意亮点

作品运用中国传统的文化元素,弘扬了优秀民族文化,体现了民族文化自信。

第 92 例 中国梦

题材构思

这件作品的创作灵感来源于"绿水青山就是金山银山"的重要理念，作品利用各种颜色的粉笔拼贴出山川流水、蓝天白云。换个角度观察，你会发现粉笔拼摆出了象征着智能与科技的电脑，屏幕中间的"中国梦"三字尤为醒目，寄托了当代青少年以青春之我、奋斗之我，为实现中国梦铺路架桥的美好愿望，用"环保梦""科技梦"托起了"中国梦"。

技法特色

作品是由长短不一、色彩丰富的粉笔组合拼贴而成的立体造型。通过粉笔不同方向的拼摆，作品极具动势，富有变化，粉笔拼摆的走向和景物的走向相一致，因此这种动势有着一定的律动秩序。这种动势，让人不禁联想到荷兰著名画家凡·高的作品——《星月夜》，两者有异曲同工之妙。

名家客座

星月夜（油画） 1889 凡·高 [荷兰]

构图形式

从作品的整体上来看，山川河流、蓝天白云等都是块面，每一个块面又由线条组合排列而成，不同朝向的线条使整个作品静中有动，动中有静，动静结合。红色的屏幕以及"中国梦"三个字是点状，这一个个小点代表着亿万中国人民，凝聚着大家对中华民族伟大复兴的憧憬和期待。点动成线，线动成面，运用点、线、面进行合理构图搭配，使之达到对比、协调、统一。

色彩处理

蓝色的天空、绿色的田野与橙色的山脉形成鲜明的色彩对比，给人强烈的视觉冲击，并拉大了空间距离感和层次感，呈现出祖国河山一片欣欣向荣的景象。红色的屏幕，将观者的视线引向"中国梦"三个字，进而更好地突出作品的主题。强烈的色彩往往需要无彩色系来中和画面，所以作品巧妙地点缀白色，让画面更加和谐。

细节刻画

绿色田野中的小树、房屋，河流中间的白鹅，给作品增添了趣味性和观赏性。

白鹅

小树

房间

作品：中国梦
作者：金可唯
指导教师：洪慧杰
点评教师：黄思宇

创意亮点

作者巧妙地利用粉笔的特性进行创作，并赋予不同物象新的含义，使作品的主题得到了更好的诠释。

第 93 例
芒 种

📖 题材构思

  这件作品创作的灵感来源于家庭用品毛刷。当倒放的毛刷、剪掉一半的刷毛,遇见人偶玩具,繁忙农耕的场面便映入眼帘。各种形态的人偶散布在毛刷构成的稻田中,给人一种别开生面的感觉,让人仿佛看到了芒种时节人们辛勤劳动的情景。

技法特色

作品由毛刷及各种形态的人偶组成。毛刷的使用巧妙而有新意,刷毛象征着稻苗,剪去一半的刷毛堆在地上,使画面更加具有层次感,更加富有故事感,勾勒出一幅劳动人民勤劳耕种、自力更生的生动画卷。

构图形式

作品构图饱满,画面冲击力较强。两个毛刷错落摆放,层次分明;人偶布局三个一组,两个一组,有疏有密,错落有致,较好地反映出劳动人民辛勤耕种的动态场景。

色彩处理

整个场景以黑白两色为主色,辅以橘红色点缀,统一中又有变化。背景的黑色与刷毛的白色形成大的反差,橘红色的毛刷板很自然地将观者的目光引向了焦点中心——"毛刷稻田"之上,甚为巧妙。

细节刻画

在细节刻画上,重点突出了前景的三堆"稻草",生动且富有变化,非常真实地再现了劳作场景,给人以身临其境之感。

作品:芒 种
作者:殷羽诺
指导教师:刘博文
点评教师:张亚明

创意亮点

这件作品中,毛刷的毛被当作形状相似的稻茬,富有新意。

第 94 例
青春的赞歌

📖 **题材构思**

这件作品的灵感来自对成长和青春的思考。作品中造型各异的青春少年，或奔跑，或沉思，或聆听，或探讨，用奋斗扬起青春的风帆，唱响一曲青春的赞歌。本作品主要运用金属齿拉链这种生活中易得的可回收材料，以简练的形体为造型元素，勾勒出一道现代、动感、时尚的青春风景线，展现积极向上的青春情怀。

技法特色

本作品的材料运用精简，达到了整体高度统一、和谐的效果。背景和人物主体都采用拉链制作，材料选用和塑形方式新颖。背景以金属齿拉链结合较粗的铁丝搭建树叶形的外轮廓，用拉链卷曲而成的环形堆叠填充其中，传达出具有现代感的丛林意象。人物形象参考瑞士超现实艺术家贾科梅蒂的雕塑，用铁丝塑骨架，用超轻黏土包裹在铁丝骨架上并以拉链装饰，塑造出不同动作和形态的人物造型，表现充满活力的青少年群体。

作品：青春的赞歌
作者：章艺馨
指导教师：施燕燕
点评教师：施燕燕

构图形式

整件作品以简练的造型元素构成，现代感比较强。背景是不规则圆环等曲线的集合，而人物的四肢修长，是作品中明显的直线元素，也与背景中的曲线形成对比。人物的其他部分则是点缀在线条之间的小块面，与线条形成节奏和韵律的变化，丰富了整件作品的形式构成。

色彩处理

作品在色彩运用上力求简洁、和谐，利用金属质感传递现代、科技的气息，符合作品表现出的现代、青春、奋斗的氛围。背景主要选用黑色的金属齿拉链制作完成，人物形象选用了绿色的金属齿拉链进行点缀装饰，与深色的背景形成反差，使人物形象得以凸显。同时绿色也象征了青春、象征了蓬勃生机，整件作品色调和谐，传递出现代时尚感。

细节刻画

作品中金属拉链形成的各种大小、弧度、方向的曲线，富有节奏与韵律的形式美感，使整件作品统一和谐又富有变化。

局部

创意亮点

作品风格独特，很好地发挥了拉链的金属材质特性，具有强烈的现代气息。

第 95 例
绽 放

📖 题材构思

　　这件作品创作的灵感来源于爆炸时的场景。作品利用泡沫胶粘合不规则绿色碎片与钢丝，再将钢丝穿插汇聚于中心的红色核心，以静态的造型表现动态的瞬间，表现绽放的爆发力和生命力。

技法特色

　　作品是由泡沫胶、钢丝、半透明塑料片等材料制作而成的立体造型。半透明塑料片具有很好的透光性，能传递、反射光线，表现绽放的活力。钢丝细而坚韧，表现出刹那间由内而外爆发出的力量感。

构图形式

　　从作品的整体来看，绿色碎片是块面，表现量感和扩张感；钢丝是线条，表现动感和速度感；红色的内核是点，表现欲喷薄而出的紧缩感。点、线、面的结合，使整个作品充满视觉张力。

作品：绽　放
作者：邓佳伟
指导教师：冯　雯
点评教师：高子涵

中小学生美术创作与指导 100 例 **立体造型**

色彩处理

绿色碎片颜色相近而又有细微的色彩变化，呈现出丰富的色彩层次感。中心的红色与碎片的绿色形成鲜明的对比，打破色彩的平静单调，呈现动感和变化，表现出绽放的活力感。

细节刻画

作品整体呈放射形球状，大小不一、形状各异的绿色碎片在布局上的丰富变化，使整件作品具有错落有致的美感。

局部一	局部二
局部三	局部四
局部五	局部六

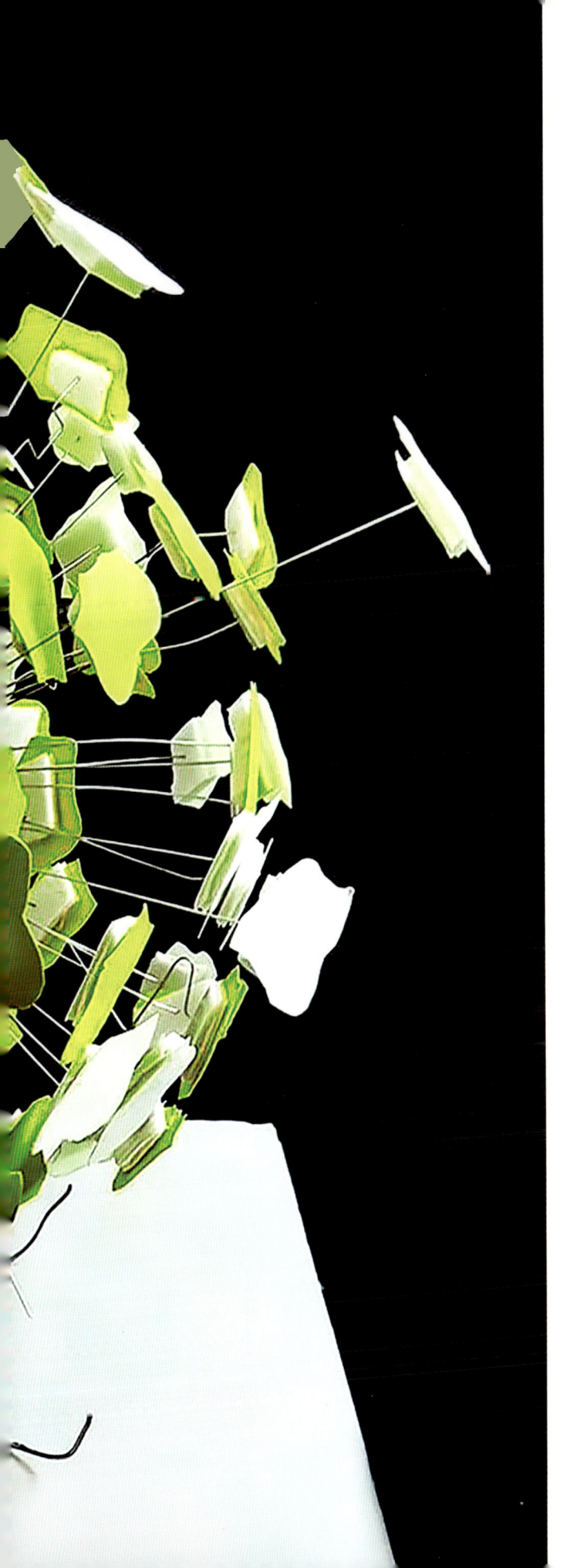

创意亮点

这件作品利用具象化的元素诠释抽象的概念，让人产生无尽的联想。

第 96 例　阳光下的瓷市青城

题材构思

这件作品的主题灵感来源于城市的繁华面貌和中国瑰宝——青花瓷独有的美感。在常见的瓶、罐、盒等物品上，点缀以青花纹样，通过拼摆表现出城市的繁荣景象，同时反映出我国江南地区建筑和环境的温婉风貌。

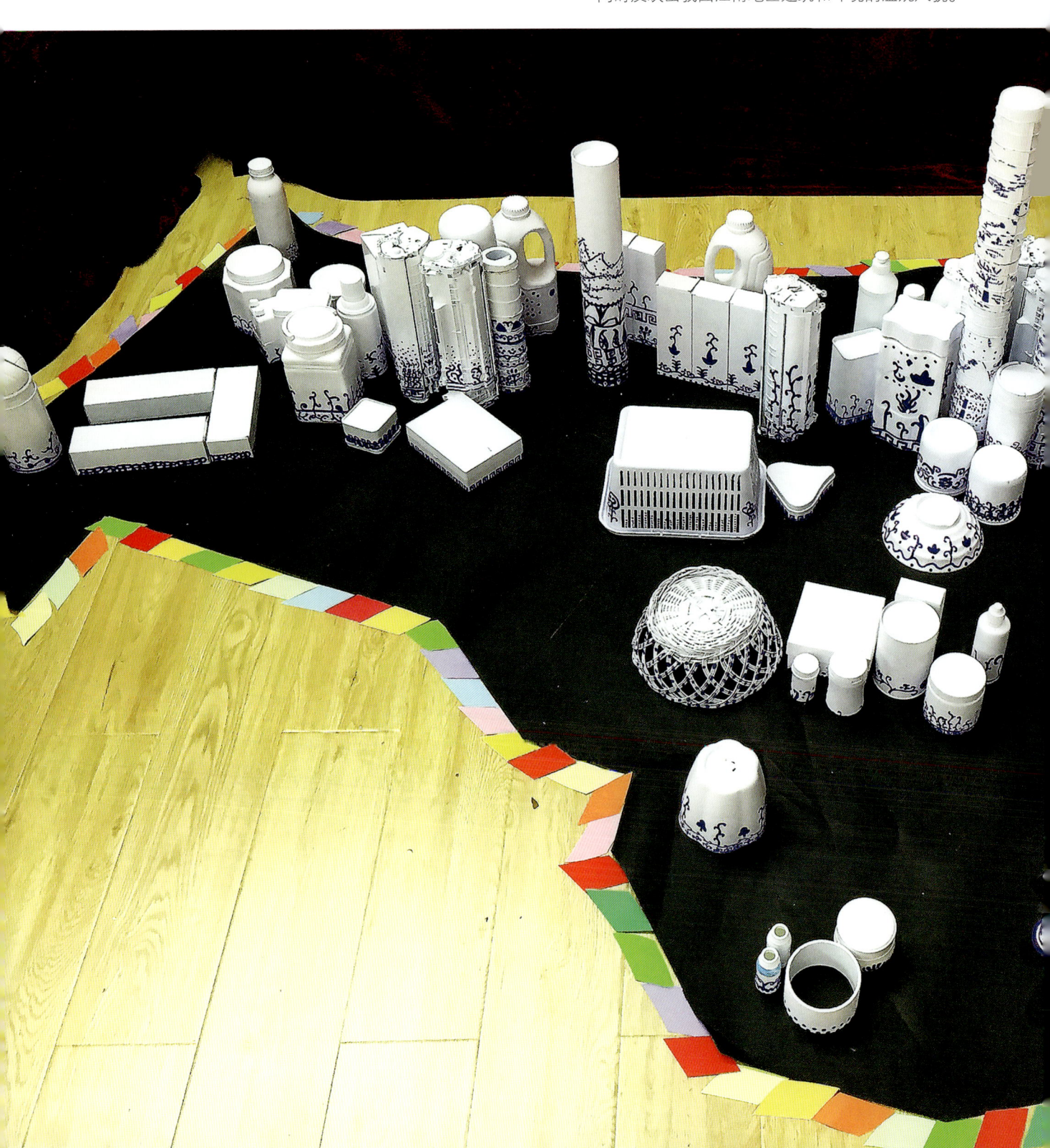

技法特色

作品是用各种一次性纸杯、纸盒、饮料瓶、茶叶罐、篮子等材料制作组合而成的,将这些物品统一处理成白色,画上各种青花纹样,尽显精致温婉之感。

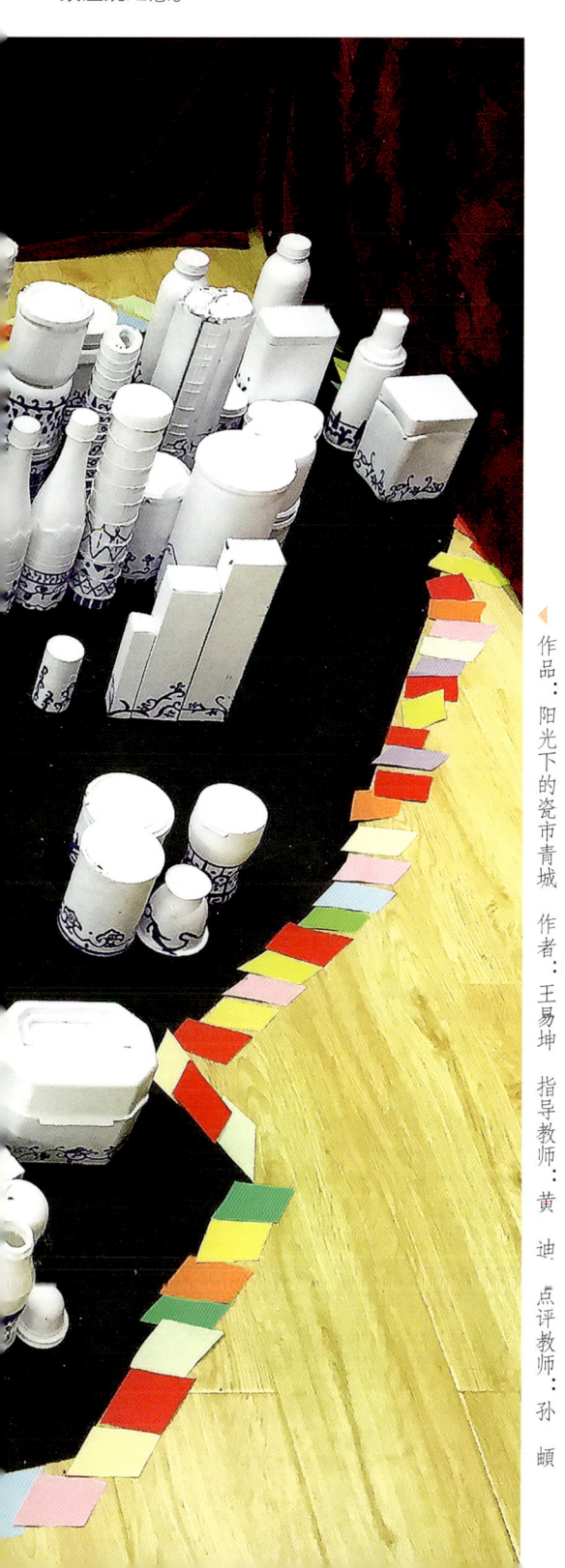

构图形式

从作品的内容看,通过生活用品高低错落、有疏有密,看似随性却又不失设计之美的组合摆放,表现出高楼场馆、商场街道等城市场景。从作品整体点、线、面的构成来看,各类生活用品是点,青花纹样是线,底板是块面,三者结合表现出独特的视觉效果和艺术表现力。

色彩处理

白底青花的各类生活用品与纯黑的底板形成鲜明的色彩对比,更突显城市的亮丽。黑色底板边缘又围绕了一圈色彩丰富的花边,打破了黑白的沉闷感,透露出一丝活泼。

细节刻画

组成城市的各种生活用品上的青花纹样刻画丰富,点、线、面元素运用恰如其分,提升了作品的精致度。

作品：阳光下的瓷市青城　作者：王易坤　指导教师：黄迪　点评教师：孙頔

局部一	局部二
局部三	局部四

创意亮点

这件作品巧妙地将生活用品与青花纹样结合进行造型,独具特色。

第 97 例

义乌江两岸

题材构思

利用各种废旧的电路板以及电子元件等材料,表现义乌江两岸的建筑群和桥梁等,反映义乌兴旺繁荣的面貌。

中小学生美术创作与指导 100 例 **立体造型**

技法特色

作品是由电路板以及电子元件等材料制作而成的立体造型。电路板以及电子元件等材料具有可插接组合的特点，金属的材质又具有可折射光线的特性，这些特点正好适合用来表现义乌江两岸璀璨繁华、欣欣向荣的景象。

色彩处理

从整体上看，建筑主要选用了鲜艳的绿色和橙色，冷暖色搭配使作品显得明快且具有现代感。从局部来看，部分细节处和江面点缀以深色，与建筑群的色彩产生明度上的对比，使作为主体的建筑群更显闪耀，吸引视线，也使作品更具协调的美感。

构图形式

从作品中两岸建筑群的布局来看，高低错落有致，疏密得当，体现出时尚的设计理念。从作品的整体来看，建筑是块面，铜线是线条，电子元件是点，点、线、面的有机结合，提升了作品的美感和视觉效果。

细节刻画

电路板本身具有繁复的凹槽，形似现代建筑复杂的结构细节。合理利用废弃物的特点，使作品更加精美耐看了。

局部一
局部二

作品：义乌江两岸
作者：李健宁
指导教师：余小丹
点评教师：高子涵

创意亮点

作者利用废弃物的材质特性体现设计理念，使废弃物获得新生，同时践行了环保理念。

第98例 路途

题材构思

这件作品选材于《西游记》这部中国经典神魔小说里的场景。《西游记》中,唐僧师徒一路上跟各种各样的妖魔鬼怪战斗,和险恶的自然环境斗争,经历了九九八十一难,终于到达西天,取得真经。创作这件作品就是为了表达做事一定要有持之以恒的精神,不要被困难打倒,这样才会成功。不经历风雨,怎能见彩虹?

技法特色

这件作品是采用亚克力雕刻工艺的立体造型。作品通过雕刻、染色与装置光影来表现主题，表现手法精巧细腻。别具一格，创造出一种独特的视觉效果。作品的色彩处理与造型搭配是一大亮点，小作者用了国画中的重彩写意手法，刻画出的山恋跌宕起伏，立体感极强，在光与影的幻变中，透着渐变色，层次感更分明。作品中的人物采用剪影的造型方式来表现，细节刻画丰富，人物脸部的细节表现、小白马的优美曲线等，都给画面增添很多视觉亮点，创造无限趣味。

构图形式

该作品属于环抱形的构图，以唐僧师徒四人为中心，周围重峦叠嶂，群峰峙立，云雾缠绕。交错的布局、错落有致的结构，营造出空间的神秘感。作品中连绵起伏的山和蜿蜒曲折的路，也显现出唐僧师徒取经路途艰难。

色彩处理

整个画面是深褐色调，从材质中汲取灵感，通过重墨渐变的亚克力的叠拼，进行色彩调度，或张扬或内敛，在赋予视觉空间体验的同时，也有助于解锁色彩的多面情感，比如浓重大色块的运用更容易吸引眼球，营造神秘惊险的氛围。山色有浓淡变化的处理，从山头往山下呈现出由深到浅的明度渐变，暗示着故事情节扑朔迷离。画面中心的光处理是这件作品的亮点，突出了主体人物，诠释出简约而内敛的美学概念。

细节刻画

用色彩渐变的手法表现出背景山峦起伏的变化，很好地烘托了故事情节的变幻莫测。人物表情刻画细腻传神，动作形态各异，让整件作品鲜活了起来。

色彩渐变

人物表情

作品：路　途
作者：庄馥宁
指导教师：郭星辰
点评教师：胡　佳

创意亮点

这件作品巧妙运用亚克力材质的透光性，创造出特殊的光影效果，使整体空间立马通透起来，令人过目不忘。

第 99 例

学而时习之

📖 题材构思

这件作品以儒学经典中的"孔子授学"故事为灵感来源，在作品的创作过程中展现孔子"为人、为学、为政、为道"的思想。"学而时习之，不亦说乎？"一群活泼可爱的孩子正跟着孔子一起研习。作品把孔子授学的场景塑造得别具一格，富有生气。

构图形式

作品整体主次分明，动静结合，背景的岩石为大的块面，衬托出前面的人物，二者形成前后的虚实关系，而植物的点缀起到了分割画面的作用。

技法特色

作品用超轻黏土、报纸、石膏布、铁丝、KT板等材料，运用团、搓、压、接、洒等方法创作。在作品中，用石膏布来表现岩石的肌理效果，更加贴近原型，在人物的塑造上则利用了超轻黏土材质的可塑性、色彩的丰富性、操作的使易性，把每一个人物都刻画得生动活泼，趣味横生。

色彩处理

整件作品在色彩处理上高度还原了孔子在天地之间、自然之中授学的环境色，整体色调较暗，烘托出授学环境的静谧祥和。而每一个孩子的服装色彩搭配又各不相同，这样整体与局部、亮面与暗面对比强烈。在作品中，孔子的服装以白色为主调，突出了孔子形象位于视觉中心的效果；孩子们的造型色彩丰富，突出了孩子们的活泼可爱。

细节刻画

作品中每一个人物都刻画得细腻生动，从人物动态来看，孔子与孩子们有动有静。孔子一人独坐高台，手持竹简，端坐于蒲团之上，尽显师者之风。听课的孩子们姿态各异，动作、表情等都各不相同，他们有的趴卧于地，托腮而思，仿佛困惑于夫子的提问之中；有的双手负于身后，摇头晃脑，仿佛沉浸于诗文意趣之中；有的凝眉思索，交首密语，仿佛执迷于论学机锋之中；有的眉眼弯弯，展卷而笑，仿佛徜徉于知识海洋之中……

不同角度看去的细节刻画

| 局部一 | 局部二 | 局部三 |

作品：学而时习之
作者：朱姝畅
指导教师：翁美芬
点评教师：陆琳燕

💡 创意亮点

作品引用孔子讲学的典故，借鉴孔子提倡的"天人合一"自然观，把孔子授学的场景搬到自然环境之中，这样的作品是能够引起共鸣的，同时也能更好地激发孩子们热爱儒家文化的情感。

第100例
意趣玻璃

📖 **题材构思**

　　这件作品创作的灵感来源于苏东坡描写西湖的诗句："水光潋滟晴方好，山色空蒙雨亦奇。欲把西湖比西子，淡妆浓抹总相宜。"玻璃有通透之美、曲线柔和之美，正适合用来表现杭州西湖山水的美丽意境，表达对这座有着"上有天堂、下有苏杭"美誉的城市的由衷赞美之情。

技法特色

作品是由玻璃吹制结合丙烯颜料绘制而成的立体造型。先用通透的玻璃通过高温烧制后吹制成长短不一的柔美形体,再用白色丙烯颜料绘制在上面来表现朵朵白云。起伏柔和的曲线仿若西湖水微波粼粼的景色,玻璃的折射形成波光效果,似群山浅雾,若有若无,更似西子淡妆,若隐若现在云间。

构图形式

从作品整体看点、线、面的组合,前后错落、排列有序、有疏有密、有高有低,从而产生独特的动感韵律美,富有生命的气息;看似变化丰富,实则又统一于一体,体现了整体视角下蕴含变化的视觉意趣。

▼ 作品:意趣玻璃　　作者:叶致诚　　指导教师:蔡　娟　　点评教师:蔡　娟

👉 **小知识**

我们通常认为玻璃是一种清澈明净的物质，但古代的玻璃却不是透明的，它带有点颜色，这是因为混合物原料中有杂质，不过这些颜色通常是非常美丽的。

古代埃及人是十分出色的制造玻璃小瓶和玻璃装饰品的艺术家，而且他们能制造出有一层一层不同颜色的玻璃器皿。

吹制玻璃器皿，也就是拿一团呈半流质状的热熔化玻璃，把气吹进去来制成一个中空的容器，这是后来的发明。第一批玻璃吹制工人大概出现在公元前1世纪的叙利亚。

🎨 **细节刻画**

玻璃吹制成的器物造型多变，这件作品以曲线柔和的形体，表现出西子的婀娜多姿。

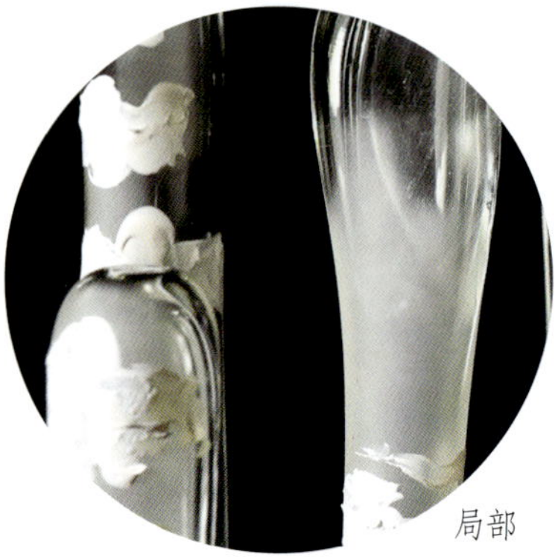

局部

制作步骤

步骤一：挑料，滚料（滚至圆筒状）。

步骤二：吹泡，待冷却后加料，滚圆玻璃塑造成型。

步骤三：做夹口，敲下滴水进保温箱。

步骤四：用丙烯颜料绘画，完成作品。

同类型作品欣赏

作品：意趣玻璃（组图） 作者：叶致诚

💡 **创意亮点**

玻璃非常贴近现代生活，有特殊的美感。光的运用使作品形成了强烈的视觉美感。本作品可以通过不同个件的组合，排列出许多不同的构图，能有效激发学生的创作欲望。

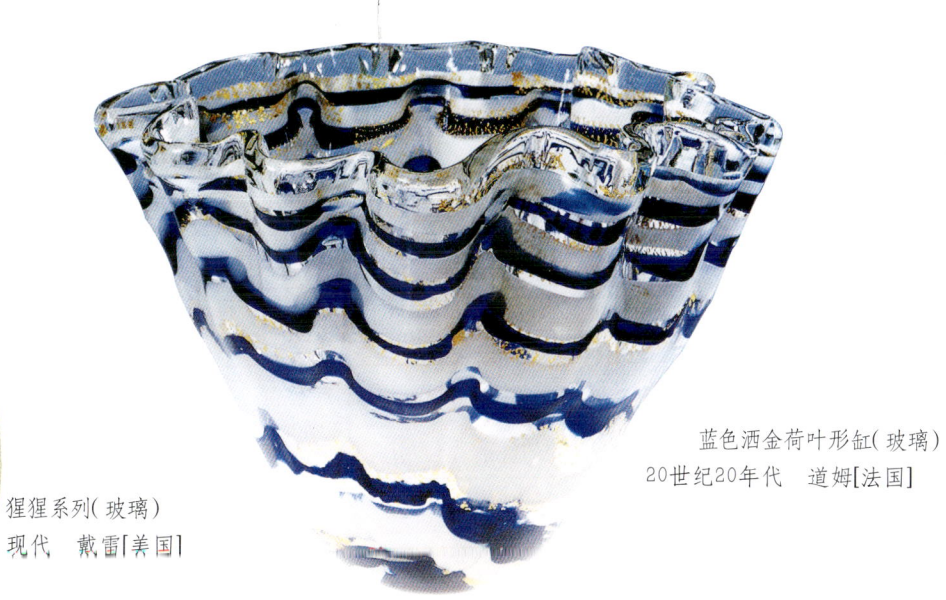

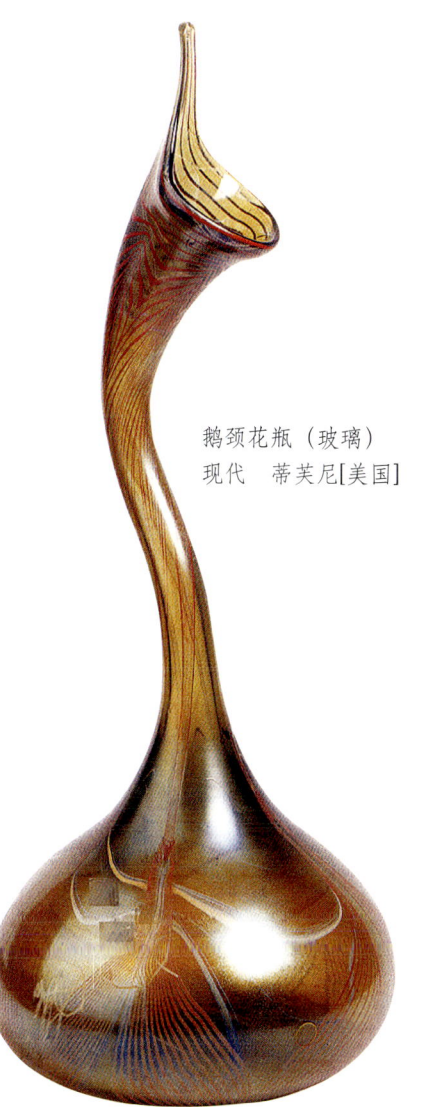

中小学生美术创作与指导100例 **立体造型**

佳作欣赏

蓝色洒金荷叶形缸（玻璃）
20世纪20年代　道姆[法国]

猩猩系列（玻璃）
现代　戴雷[美国]

鹅颈花瓶（玻璃）
现代　蒂芙尼[美国]

花瓶（玻璃）
现代　仁斯基[荷兰]

太阳花昆虫（玻璃）
现代　日立奥[法国]

索引

第 1 例　追梦少年　2
第 2 例　白　猫　4
第 3 例　憩　6
第 4 例　行程万里　不忘初心　8
第 5 例　脱贫攻坚　10
第 6 例　犇　12
第 7 例　机械心　14
第 8 例　运河两岸　16
第 9 例　戏剧人物　18
第 10 例　泉　22
第 11 例　更快更高更强更团结　24
第 12 例　梦幻小镇　26
第 13 例　举车共游　28
第 14 例　花　30
第 15 例　攀　32
第 16 例　荷塘蛙声　34
第 17 例　大话西游　36
第 18 例　团结与自由　38
第 19 例　徜　徉　40
第 20 例　灵峰品茶　42
第 21 例　小观众　44
第 22 例　花果山美猴王　48
第 23 例　疯狂动物城　50
第 24 例　一起来看戏　52
第 25 例　老街记忆　54
第 26 例　重塑新丝路　56
第 27 例　嗨! 沙排　60
第 28 例　夺　冠　62
第 29 例　奔跑吧, 少年　64
第 30 例　森林之歌　66
第 31 例　正青春　68
第 32 例　一 二三, 一起跳　70
第 33 例　逆行者　72
第 34 例　爱的抱抱　74
第 35 例　小乐手　76
第 36 例　党啊, 听我为您唱支歌　78
第 37 例　娃娃学皮影　80
第 38 例　攀登者　82
第 39 例　江南民居　84
第 40 例　稻花香里说丰年　86
第 41 例　成　长　88
第 42 例　摘杨梅咯　90
第 43 例　和谐共生　92
第 44 例　江山如画　94
第 45 例　红船·乘风破浪　96
第 46 例　舞动青春·活力　100
第 47 例　青春舞曲　102
第 48 例　盎然生机　104
第 49 例　阳光下成长的少年　106
第 50 例　家　108

第 51 例　小鸟的家　110
第 52 例　江南·巢　112
第 53 例　欢乐人生　114
第 54 例　森林里的木精灵　116
第 55 例　阳光下的西湖　118
第 56 例　风雨同舟　120
第 57 例　"三牛" 鼎盛华夏　122
第 58 例　奔马图　124
第 59 例　狮子王　126
第 60 例　摇滚之王　128
第 61 例　大艺术家　130
第 62 例　意象山水　132
第 63 例　烟　霞　134
第 64 例　零件是如何变成龙的　136
第 65 例　倾　塑　138
第 66 例　城市倒影　140
第 67 例　轻舟已过万重山　142
第 68 例　飞　鱼　144
第 69 例　后羿射日　146
第 70 例　十二生肖　148
第 71 例　唱脸谱　150
第 72 例　森　林　152
第 73 例　只此青绿　154
第 74 例　等　待　156
第 75 例　渔家生活　158
第 76 例　鱼　趣　160
第 77 例　千里江山　瑞鹤呈祥　164
第 78 例　阳光　生活　梦想　166
第 79 例　科创·智慧之城　168
第 80 例　机器人时代　170
第 81 例　绿水青山就是金山银山　172
第 82 例　嘿! 朋友　174
第 83 例　对　话　176
第 84 例　洪　流　178
第 85 例　海底的秘密　180
第 86 例　鼓　动　184
第 87 例　喜从天降　186
第 88 例　枯木逢春　188
第 89 例　深海蓝鲸　190
第 90 例　春绿江南岸　192
第 91 例　只此青绿, 圆梦中华　194
第 92 例　中国梦　196
第 93 例　芒　种　198
第 94 例　青春的赞歌　200
第 95 例　绽　放　202
第 96 例　阳光下的瓷市青城　204
第 97 例　义乌江两岸　206
第 98 例　路　途　208
第 99 例　学而时习之　210
第 100 例　意趣玻璃　212

中小学生美术创作与指导100例 绘画

第 1 例　　第 6 例　　第 11 例

第 2 例　　第 7 例　　第 12 例

第 3 例　　第 8 例　　第 13 例

第 4 例　　第 9 例　　第 14 例

第 5 例　　第 10 例　　第 15 例

第 16 例

第 21 例

第 26 例

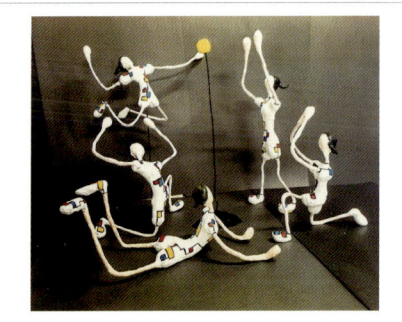

第 17 例

第 22 例

第 27 例

第 18 例

第 23 例

第 28 例

第 19 例

第 24 例

第 29 例

第 20 例

第 25 例

第 30 例

中小学生美术创作与指导100例 绘画

218 ⋮ 219

第31例

第36例

第41例

第32例

第37例

第42例

第33例

第38例

第43例

第34例

第39例

第44例

第35例

第40例

第45例

第 46 例　　第 51 例　　第 56 例

第 47 例　　第 52 例　　第 57 例

第 48 例　　第 53 例　　第 58 例

第 49 例　　第 54 例　　第 59 例

第 50 例　　第 55 例　　第 60 例

中小学生美术创作与指导100例 绘画

第 61 例

第 66 例

第 71 例

第 62 例

第 67 例

第 72 例

第 63 例

第 68 例

第 73 例

第 64 例

第 69 例

第 74 例

第 65 例

第 70 例

第 75 例

第 76 例

第 81 例

第 86 例

第 77 例

第 82 例

第 87 例

第 78 例

第 83 例

第 88 例

第 79 例

第 84 例

第 89 例

第 80 例

第 85 例

第 90 例

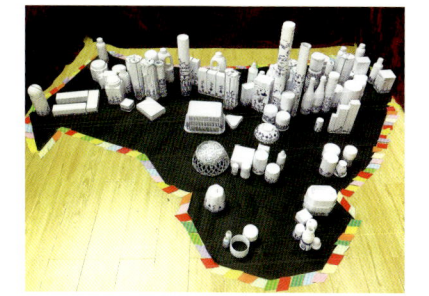

第 91 例

第 96 例

第 92 例

第 97 例

第 93 例

第 98 例

第 94 例

第 99 例

第 95 例

第 100 例